至德馨香

道心

感于神明，黍稷非馨，明德惟馨

目錄 CONTENT

推薦序：文化部 李永得部長 ················ 06

推薦序：民眾黨 柯文哲主席 ················ 08

自序 ················ 10

序章 發揚道教信仰的起心動念 ················ 14

第一章　道文化起源 ················ 20

1-1 道文化與道教 22

1-2 道祖：老子的智慧 28

1-3 道家思想對儒家的影響 32

1-4 道教的由來 38

1-5 道教的神明系統詳解 46

1-6 道教的藝術與人文 54

1-7 道教神明的故事 60

1

CHAPTER

2 CHAPTER

第二章　你應該要知道的道教民俗慶典 01 ……… 66

2-1 大甲鎮瀾宮媽祖遶境登上國際 68

2-2 大龍峒保安宮的保生文化祭 72

2-3 萬華大鬧熱艋舺青山王祭典 76

2-4 行天宮恩主公誕辰 80

2-5 松山慈祐宮聖母出巡遶境 84

2-6 白沙屯拱天宮媽祖遶境 88

2-7 東港迎王平安祭典 92

2-8 台南鹽水武廟蜂炮祭典 96

2-9 苗栗清微山玉清聖殿祝嘏大典 100

2-10 苗栗顯化宮普渡祭典 104

2-11 苗栗玉清宮最盛大的客家元宵慶典 108

2-12 北港朝天宮鬧元宵 112

2-13 彰化南瑤宮（潦溪進香活動） 116

2-14 竹山紫南宮神明銀行、吃丁酒 120

2-15 新港奉天宮天上聖母元宵遶境 124

2-16 霞海城隍廟文化祭 128

2-17 台南首廟天壇初九天公生 132

2-18 新竹都城隍遶境賑孤 136

2-19 馬鳴山鎮安宮五年千歲出巡 140

3

CHAPTER

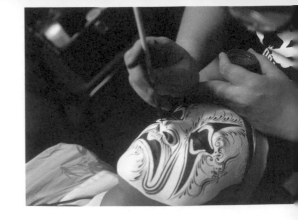

第三章　你應該要知道的道教民俗慶典 02 ………… 144

3-1　南鯤鯓代天府王爺信仰 146

3-2　三峽祖師爺賽豬公祭典 150

3-3　嘉義過溝建德宮火燈夜巡 154

3-4　麻豆代天府〈麻豆香科〉158

3-5　祀典武廟中樞祭聖大典〈國家級春秋兩祭〉162

3-6　台南新營太子宮進香文化 166

3-7　松柏嶺受天宮進香 170

3-8　嘉義觸口龍隱寺進香 174

3-9　台東玄武堂炸寒單爺 178

3-10　金門浯島城隍祭 182

3-11　澎湖武轎 186

3-12　湄洲媽祖信仰概論 190

3-13　王爺信仰概論 198

4

CHAPTER

第四章　弘道之路 204

4-1 那一年令人難忘的登革熱疫情 206

4-2 弘道揚善是一輩子的志業 212

4-3 中華道教聯合總會大事記 220

4-4 馬不停蹄為弘揚道文化而努力 226

4-5 藉由多元活動弘揚道文化 234

4-6 促成道場科儀人員基礎訓練及認證 240

終章 246

值得好好長久收藏的一本好書

　　道教在台灣具有非常大的影響力，每到重大節慶，像是年節、端午、中元、中秋等等，全台各地大街小巷幾乎都可以見到人們準備供品、舉香敬拜的景象，這雖然是大家習以為常的宗教禮俗，然而卻包含著深厚的文化底蘊，站在文化傳承的立場來看，道教信仰不只是宗教，更是台灣人獨有的生活樣貌。

　　不過，隨著時間的推移、科技的進步，資訊流通雖有越來越快的趨勢，但大部分的人對於固有文化卻變得「淺嚐即止」，知其然而不知其所以然，長此以往，恐怕許多老祖先留下來的智慧，或是宗教文化傳承中的精華，都將被龐大的資訊所掩蓋，失去原本的光輝。

　　非常欣慰也非常開心，見到中華道教聯合總會的徐總

會長願意花時間與心思撰寫「至德馨香」這本書，更可喜
的是，書中許多內容都是珍貴的文化紀錄，尤其是從北到
南多家宮廟的發展歷程，以及徐總會長的個人觀察心得，
不僅深具可看性，更值得好好長久收藏。

　　徐總會長對道教有很深的情感，多年來始終竭盡所能
付出貢獻，除了各式各樣的祈福活動之外，兩岸之間的道
教文化交流，以及全台宮廟的串聯互動，都在他的運籌帷
幄下得到非常好的成果。由他來為道教著書立言，再適合
不過。

　　感謝徐總會長對台灣道教文化傳承的諸多貢獻，也祝
福「至德馨香」創下銷售佳績，更希望每一位閱覽本書的
讀者，都能跟我一樣，有滿滿的收穫、滿滿的感動。

文化部　李永得部長

讓道教信仰能夠一輩一輩傳承下去

「至德馨香—感于神明‧黍稷非馨‧明德惟馨」一書，是中華道教聯合總會徐文僅總會長嘔心瀝血之作，徐總會長肩負著弘揚道教精神的使命，寫下了這本關於台灣道教信仰文化、歷史與祭祀現場的重要著作。書中字詞精闢且論據充足，不僅深入探究道教的根源與發展歷程，同時細數全台各地宮廟特色、解析不同祭祀場域的多元文化，這本書可說是認識台灣道教文化的不二之選。

徐總會長學識淵博，對於道教文化脈絡、神明系譜與傳奇故事，簡直是如數家珍。「至德馨香」的出版，將會造福廣大的讀者和信眾，並且讓更多人認識台灣道教文化迷人之處。

　　作為一名醫生，我相信理性的科學論證與邏輯推演。不過，我對於宗教的力量，始終是保持著敬畏與尊重的態度。尤其是歷經幾千年時代洪流淬鍊的道教，能夠到現在仍屹立不搖，甚至散播的範圍越來越廣，並且沒有因為數位網路的發展而受到衝擊，由此可見，道教文化一定有其值得信仰、值得我們深入了解學習的特殊之處。

　　宗教是安定社會與維繫國家秩序的關鍵力量，在國內外情勢動盪的世道更顯重要。這幾年來，中華道教總會在徐總會長的帶領下，成為宗教團體與政府間的溝通橋樑，除了在環保政策、宗教團體法上著力甚深，在全國各地也持續推廣道教文化，積極向年輕世代扎根。

　　「至德馨香」一書是徐總會長筆耕不輟、長期傾心研究的成果，從他嚴謹的考據和豐富的文化評論中，可以發現他不僅是一名傳道者，更是一名對道教文化充滿熱情和理想的研究者與宗教家。期許這本書能讓道教信仰發揚光大，讓道教文化的智慧和哲學永續傳承，讓這些重要的有形與無形的文化資產，朝下一個百年邁進。

柯文哲

民眾黨　柯文哲主席

自序

　　台灣的宗教信仰主要是以道教為主，隨著時間的推移慢慢融合了佛教及儒教的信仰，根據統計，台灣有百分之九十三（資料來源：維基百科）以上人口屬於融合佛道的台灣民間信仰，這也充分顯示在台灣各鄉鎮「三步一小廟、五步一大廟」的現況，宮廟會比便利商店還多，就是因為信仰的人口占了絕大多數。

　　融合了「道、儒、釋」三大教派精神的台灣民間信仰，經過百年來的推演及進化，慢慢地形成了如今的獨特本土風格，更重要的是，在共存兼容的信仰之中，還有台灣人無可取代的良善性格、包容胸襟。

道文化與道教

　　有廣泛來說，有在拜祖先及神明的，就是「道教」的信眾，而線香與金紙就是傳統上與神明及過往的親人溝通的工具之一，考證起來幾乎是從唐代就開始流行的習俗，傳說甚至還將金紙的由來往前推至東漢年間，自蔡倫發明了造紙術之後，就逐漸有了「將紙剪裁成銅錢形式加以焚燒，藉以獻給神明」的說法。

　　所以，要說焚香祭祖是道教習俗並沒有錯，只是博大精深、淵遠流長的道教，乃至於影響華人生活圈達五千年之久的「道文化」，絕非是用「拿香拜」、「化金紙」等約定成俗的儀式就可以囊括解釋的。

　　那麼，究竟在傳統民間信仰之中，有哪些是屬於道教的範疇呢？涵蓋整個道教在內的道文化又是從何而來？傳統宮廟之中所舉行的種種「科儀」又有什麼意涵？這些我們熟悉的科儀又與正統道文化的科儀有什麼不同？

　　以上問題所提及的關鍵字，相信台灣人一定都不陌生，但真要討論起來，可能就會有「字分開看都懂，組合在一起就一知半解了」之感。尤其是對年輕族群來說，台灣到處都有的土地公、媽祖等宮廟，是從小看到大的日常光景，但若是問到「神明從何而來？」「代表著什麼樣的精神？」「背後有哪些雋永的故事？」等，恐怕沒有幾個人能答得上來。

為了傳承，也為了弘道

「中華道教聯合總會」是在二○一六年成立的，承蒙各界先進長輩的支持與照顧，再加上會內師兄姐這六年多來的努力，讓總會能夠站穩腳步，並且在宗教領域的影響力日漸擴大。身為總會會長，我深知自己責任重大，因此這幾年來一點也不敢鬆懈，除了在國內舉辦各式各樣的活動，也將觸角伸往海外及大陸，即使疫情肆虐，也以遠距視訊直播的方式串聯交流。

總會的創立宗旨是「弘揚道教文化、培養專業人才」，另外還有組織公益慈善活動，鼓勵及導正善良風氣，更重要的是將道文化推廣出去，不只華人圈，更要傳到全世界。

對我來說，道文化是生活的養分、做人的準則，更是信仰的中心，越是了解道文化的意涵與脈絡，就越能夠理解「道」為什麼能夠上下傳承超過五千年，而且還持續影響廣大的華人生活圈。

道教跟你想的不一樣

就像前面提到的，很多人覺得燒香拜神就是道教，也有很多人認為到宮廟「辦事」，消災解厄、補運祭改，就是道教的全貌，事實上這些只是道教的一部分，而且屬於是符合台灣民情與需求的改良進化版，真正的道文化，可以探究到始祖老子，一部五千字的道德經，帶領華人心靈走過了千百年歲月。

　　況且，道文化有非常豐富的人生哲理及生命智慧，理解科儀固然重要，但種種儀式背後的精神、思維，更值得我們深入探究。

　　在傳承與弘道的路上，我跟著許多先進長輩學到了很多，也累積了不少經驗與研究成果，因此也就興起了「將心得與經歷寫成書」的念頭，希望能藉著本書的出版，讓更多人了解道文化，並且看懂平時信奉的道教。

　　在這本書中，我會用貼近生活的方式深入淺出地來告訴大家道文化的發展故事，希望在看完之後，讀者們也都能像我一樣，以身為華夏兒女，身為道文化傳承血脈的一份子為榮。同時我更期待每一位看過本書的讀者，都能成為分享傳遞道文化的種子，讓道教有朝一日也能成為影響力遍布全球的宗教信仰。

序章
發揚道教信仰的起心動念

　　中華道教聯合總會自成立以來，一直為了弘揚道教信仰及文化而努力，而在全台各大宮廟及信眾信眾大德的支持下，總會的影響力也越來越大，讓政府也開始重視，因此才有了與蔡英文總統坐下來暢談。

　　我深刻記得蔡總統在接見總會代表團的時候，提到政府與宮廟攜手強化社會安全網的目標，令我相當感動。蔡總統說：「宮廟不僅是地方信仰的中心，同時也是討論公共事務的中心，而社會安全網的強化，光靠政府來做是不夠的，希望宗教團體一起來做。」言談間可以感受到蔡總統對宮廟的期待，同時也對道教信仰撫慰人心、穩定社會所做出的貢獻，給予高度肯定。

總統重申支持道教信仰推廣的決心

　　台灣宮廟為數眾多，而且幾乎都是開放的環境，除了提供鄰近的鄉親一個放鬆心靈、暢談地方大小事的優質園地，更重要的是透過信仰凝聚民心，讓良善的風氣能夠擴大影響、淵遠流長。從這個觀點來看，宮廟的重要性不言可喻，包含傳統的習俗，比方說燒紙錢、點香祭拜等，也都蘊含慎終追遠、敬天愛人的道理，所以蔡總統也特別藉著座談的機會，重申政府沒有滅香、封爐的打算，甚至會以輔導的方式讓宮廟能夠逐步符合環保要求。

　　無論是政府的環保政策，或是宗教團體法的立法，總
會都非常關心，既然以法人的形式創建，我就希望總會可
以肩負起橋樑的角色，在全台的宮廟與政府之間，搭建起
良性溝通的平台，同時積極推廣道教文化，成為民眾了解
道教、信仰道教的一個入口。在過去的幾年之間，總會確
實完成了許多不可能的任務，尤其是在兩岸信仰交流的部
分，雖有疫情阻擋，卻仍透過線上直播的方式舉辦祈福大
會，讓台灣的宮廟能與大陸的源祖維持交流互動，雙方情
誼常保友好，共同壯大千百年傳承下來的道教信仰。

以弘揚道教文化為己任

　　身為中華道教總會的創始總會長，我自上任以來便深感責任重大，一時一刻都不敢鬆懈怠慢，腦海中思考的也幾乎都是弘揚道教文化的相關事宜，尤其是信仰年輕化的部分，我更是列為重點考量，後來成立青年團，並且讓總會培育的青年團成員開始參與重大活動，都是為了道教文化發展的未來所做的努力，很高興在先前見到了青年團代表與大甲鎮瀾宮一起攜手完成了難度甚高的國際迎賓酒會，讓台灣的宗教信仰直接在國際曝光，這是非常重要的里程碑。

　　不管是道教文化的傳承，或是將道教弘揚至世界各地，對我來說都是同樣的一件事，那就是將我所感受到、接收到的神恩，不斷地分享出去、傳遞出去。在未來的日子裡，我仍會秉持著初衷繼續走在弘道的路上，也希望所有看到這本書的信眾大德，不吝給予指教建議，讓總會能夠持續進步、走得更長、更遠。

　　在本書接下來的章節內容中，我除了會一一報告總會這幾年來所完成的重大事項之外，同時也會介紹各地的宮廟特色、道教文化的根源，以及道教神明的系統、傳奇的故事等等，希望大家看了之後都能有所收穫。

【第一章】

道教的信仰、禮俗與文化，就是所謂
的道文化，並將日常燒香拜佛、化金
紙、 過香爐、收驚、祭改等等的宗教
儀式， 視為道文化的一種體現，畢竟
絕大部分的人幾乎都是跟著長輩從小
拜到大，無論是家裡有神明廳，或是
每到重要節日就會在自家門前擺上滿
桌供品拜拜，這些宗教儀式老早就已
融入日常生活了。

道文化 起源

1

道文化與道教

在開始進入主題之前，首先要做一個觀念上的釐清：
「道文化指的就是台灣傳統道教嗎？」

相信應該有不少人認為道教的信仰、禮俗與文化，就
是所謂的道文化，並將日常燒香拜佛、化金紙、過香爐、
收驚、祭改等等的宗教儀式，視為道文化的一種體現，畢
竟絕大部分的人幾乎都是跟著長輩從小拜到大，無論是家
裡有神明廳，或是每到重要節日就會在自家門前擺上滿桌
供品拜拜，這些宗教儀式老早就已融入日常生活了。

然而，經過追根究柢的查證之後即可得知，其實台灣
的傳統道教，是從閩南一帶傳過來的，其中最大的貢獻
者，就是清朝初建時，由國姓爺鄭成功在台灣所創立的鄭
家王朝。

由於清廷當時對宗教的態度較為嚴峻保守，鄭家王朝
相對來說則寬容大度許多，因此許多原本住在沿海各省的
漢民在跟著鄭家來到台灣之後，也把當時的道教信仰一起
帶了過來，其中影響最為顯著的就是「鸞堂」。

道教在台灣發展的三大途徑

所謂的「鸞堂」，指的其實就是民間請示神明的一種方法，透過扶鸞的方式，由神明推動代言人手中的桃木或柳木，在沙盤上寫出文字，藉此幫信眾解惑、指點迷津。

另外，在傳統的道教信仰之中還有一種神明傳遞訊息的方式，就是由神明附身在乩童身上，藉以預言福禍、消災解厄，像是王爺系統、濟公禪師、三太子等神明，經常會有降乩救世的神蹟展現。

無論是扶鸞或乩童，相信大部分的台灣人應該都有接觸過，到宮廟向神明請示心中疑問的作法，應該也可以說是台灣人共同的回憶，而這兩者也與道教在台灣的發展脈絡息息相關。

基本上，道教信仰在台灣的散播可以分成三大路線：

1. 請香火：由渡台而來的先民將大陸宮廟的神明請到台灣來。

2. 降乩救世：台灣百分之五十以上的宮廟是由神明慈悲、降乩開示，救人民於水火之中，進而累積信眾、壯大發展之後，信眾便合力將宮廟蓋起來，幾乎所有庄頭廟都是以這個形式建成的。

3. 神明分靈：意指神明藉由分靈的方式到其他地方鎮守護

佑，像是北港朝天宮就有超過一萬兩千個分靈，是全台分靈最多的廟宇。

　　台灣的宮廟雖然為數眾多，但絕大部分都能追溯得到源頭，即使是鄰里間隨處可見的土地公廟，也一定會有一段發跡的歷史，有興趣的讀者可以找機會多跟地方耆老討教交流，一來可以更加了解道教信仰的真實樣貌，再者也能讓地方上的宗教文化繼續傳承下去。

道文化是根源

　　所以，究竟台灣傳統民間宗教、道教以及道文化，這三者之間的關係是如何呢？用同心圓的方式來說明相信大家就能清楚理解了。

　　老子所傳承下來的道德經，是上述信仰的核心，我們將其比為圓心，在歷經五千年的推演之後，老子思想對人類世界帶來莫大影響，涵蓋的層面也相當廣，因此最大的圓就是「道文化」。

　　爾後在東漢年間，正一真人張道陵創建了五斗米道，這便是近代道教的起始。精通道德經的張道陵真人，相傳受到太上老君（在周朝時化身老子，下凡傳遞思想）的指引，授予他三天正法，並命他為「天師」，他所寫的道書二十四篇為後世的道教打下了穩固基礎，甚至還成就了符籙派，用符咒、符令、靈符等工具降妖伏魔、護佑眾生。

　　道教的發展還有非常多故事可以說，後面的章節會一一帶到，在此先以張道陵天師的五斗米道（也稱正一道）作為代表，屬於涵蓋在道文化底下的一個同心圓。

　　接著下來，道教一路傳承到明清兩朝，福建等沿海省分出現了地區性的宗教儀式，傳來台灣後經過三、四百年的演進，遂成今日的「台灣民間信仰」，這又是包含在道教範疇以內的另一個同心圓。

道家思想

道文化

民間信仰

道教

　　道家思想→道文化→道教→台灣民間信仰，只要能夠
釐清這個脈絡，那麼對於本書的內容就很容易能夠理解
了。

　　在這本書之中，我主要想傳達的重點是道文化的根
基，這也是目前一般台灣信眾比較不熟悉或容易搞錯的地
方。橫跨道、儒、釋的台灣民間信仰，有其豐富多元的背
景與儀式，但那又與正統道文化之下的道教科儀有所區
別，因此我才會在一開始的開宗明義，花比較多的篇幅說
明，幫助讀者更快進入道文化的領域。

1-2

道祖：老子的智慧

　　道教是中國古代順應自然衍生而來的宗教，起源於崇拜先祖、鬼神、大自然等等的習俗。早在商周時期，人們就對「天」、「上蒼」感到敬畏，接著進入春秋戰國時代，各派的哲學思想紛紛崛起，形成百家爭鳴的局面，其中又以道、儒、墨三家為最重要的顯學。

　　為後世留下五千字道德經的老子；不僅用「無為而治」的理念影響了歷代帝王及所有平民百姓，就連孔子也受到老子非常大的啟發。

　　當然，道文化及道教也都是以老子的道德經為核心經典。

偉大的道家學派創始人

　　老子姓李名耳，字聃，因此也有人會稱他為老聃。相傳老子生於公元前五七一年的楚國，當時是東周的春秋時代。在駕著青牛西出函谷關之前，老子曾於東周朝廷任官，據說是管理藏書及檔案的官員，這也與他閱覽過所有上古典籍的說法相應，既然是藏書的管理者，想必也有很多時間可以看書研究。

　　老子的老師是周朝的三代老臣「商容」，在封神演義裡，商容是重要角色，除了努力維持商周朝政正常運作之外，也在許多重要時刻進諫紂王，擋下了不少扭曲荒唐之事。可惜最後因為在奏章上直言批評紂王沉迷酒色、喪失

綱常，惹得紂王勃然大怒，下令將其處死，他才心灰意冷，一頭撞向殿上石柱，結束自己的生命。

老子是不是真的把商容當成老師，或許需要更多出古文物資料的佐證才能判定，然而可以確定的是，老子與商容一樣，對於朝政都相當關心，因為不忍看到商周日益腐敗衰落，所以老子來到函谷關，留下共五千字的「道經」及「德經」給守關的官員之後，便倒騎著青牛揚長而去，從此不見蹤影。

老子的思想有幾個重點，其中最重要的就是師法自然、無為而治。老子認為「禍兮，福之所倚；福兮，禍之所伏。物或損之而益，或益之而損」，意思就是萬事萬物皆有陰陽、皆有正反，因為有禍，所以才顯得出福；因為有損，所以才顯得出得；因為有黑暗，所以才顯得出光明。領悟出天人合一的自然道法之後，老子便極為崇尚不與人爭的修持態度，雖然看似無為，但其實老子留下了許多確實可行的「方法」。

也就是說，老子不僅講道理，而且還提供了解方。在道經之中，老子談到宇宙運行的根本，包含天地萬物的變化，甚至是鬼神應驗的秘密；而德經則充滿處世之道，就連人際之間的應對進退，或是想要長生不老，老子都有提及。因此後世研究家稱其為「其術以虛無為本，以因循為用。無成執，無常形，故能究萬物之情。不為物先，不為物後，故能為萬物主」，意思就是老子所教的方法沒有固定的形式、僵化的觀念，而是順著萬事萬物做出因應，所以能讓自己融入在天道自然之中。

老子在道文化中的地位

「道藏」是匯集大量道教古籍的一部叢書，目前最古老的版本是明朝的「正統道藏」，收藏在中國的國家圖書館。在「道藏」之中，有歷朝歷代的道士所撰寫或蒐集的重要文史資料，無論是全真道、正一道，或是其他道教的流派，都將「道藏」視為重要經典。

根據「道藏」開天經的記載，老子就是由太上老君分神下凡而來。傳說中，老子從母親的左邊腋下被生出來，當時母親倚靠在李樹之下，所以便以李為姓，至於老子這個名字的由來，則是因為他一出生就頭髮全白，顯出老態，所以才會得此稱號。

傳說故事真真假假在此不做深究，無論如何，道文化之所以能屹立五千年並且影響全世界，就是奠基於老子的道德經，如果沒有這部被譽為「萬古明燈」的經典，那麼後續的道士們也難以推砌出博大精深的「道藏」來。

老子說，「天地不仁，聖人不言」，意思是天地對所有一切萬物都是一視同仁的，沒有什麼高尚低賤之分，就連萬物之靈的人類，也只是萬物中的一份子，並沒有比較特別，也不應該自視太高，聖人就是懂得這個道理的人，不言則代表「不插嘴、不干涉」，讓一切順應大自然運行的法則生滅不息。

老子的道能修身、治國、用兵、養生，直到現代也都還非常適用，因此不僅造就了中華民族亙古通今的道文化，同時也吸引孔子前來學習。

1-3

道家思想對
儒家的影響

　　前面提及春秋戰國時期道、儒、墨三家是影響力最深遠的顯學，其他還有名家、法家、陰陽家、縱橫家、雜家、農家以及小說家，組成著名的九流十家。自西漢武帝接受了董仲舒的建議，施行「罷黜百家、獨尊儒術」之後，儒家思想便成為歷朝歷代統治人民的中心思想。

　　不過，商周時期的儒家還沒有如此風光，因此需要仰賴孔子帶著弟子周遊列國四處宣導。

　　孔子的成就非常遠大，因而被後世尊為萬世師表、至聖先師，這是無庸置疑的，只是在一邊傳道授業的過程中，好學的孔子還是會不停向其他哲人學習，其中一個學習對象就是老子。

朝聞道，夕死可矣

　　孔子的核心思想體系是「仁」，論語之中所闡述內容幾乎都是以「人道」為主；老子的核心思想體系則是「道」，講求的是「天道」，由於人道蘊含在天道之中，所以晉朝的大學者葛洪就曾評論：「道者儒之本也，儒者道之末也。」意思就是說，儒家的根本來自於道家，而將道家的精神落實在人類社會之中的，就是儒家。

　　根據呂氏春秋、師說、禮記、史記等多部古籍的記

載，孔子曾多次向老子問禮求學，而且對老子的智慧極為推崇，「朝聞道，夕死可矣」的名言，就是孔子在聽了老子的指導之後所發出的感嘆。

有個故事是這樣的。有次孔子向老子請教關於「禮」的意涵，當時老子說的一段話是：「你所說的禮，將其制定出來的人都已經離世，連骨頭都腐朽了，不過論點卻留了下來。一個真正的君子，在時運降臨時就去做官，貢獻自己的能力；但若生不逢時，也可以像雜草一樣，隨風飄盪、等待時機。我聽說善於經商的人，會把要賣的商品藏起來，不讓人看見；同樣的，具有高尚品德的君子，也應該謙卑得像是一個愚鈍的人。所以，我建議你把過多的傲氣及欲望都拋開，將做作的神態及過高的志向收回來，因為那些對你並沒有任何好處。我能告訴你的就是如此而已。」

聽完這段話之後，孔子的感想是：「我知道鳥能飛、魚能游、獸能跑，但我並不知道龍是如何乘著風雲飛上天的。在我眼中，老子就像高深莫測的龍一樣。」

老子的高度以及孔子的景仰，在這兩段話之中顯露無遺。

以儒家思想管理，用道家思想生活

進入漢代之後，社會富庶繁榮，人民安居樂業，文明發展得越來越快，因而也促成了宗教的擴張，除了儒學產生宗教化的改變之外，佛教也差不多在此時傳入，原本在民間就相當盛行的黃老思潮也持續發揮影響力，這幾股不同的能量互相交流融合，再加上鬼神崇拜、陰陽道術等等的思想匯流，漸漸為我們如今所熟知的道教打下了根柢。

基本上，因為獨尊儒術的關係，所以皇朝政權在統治人民、制定法規的時候，所用的都是儒家的思想。不過，人民的生活卻幾乎都圍繞著道家思維，尤其是在信仰方面，更是影響深遠。

此道教非彼道教

說到這裡，我想讀者對於道文化及道教都有初步的理解了，那麼我再重新歸納整理一次，幫助大家釐清觀念。

首先，以老子為代表的道家，是哲學性的學說，並不具宗教型態；由老莊思想衍生而來的道文化，則是融入了黃老道、方仙道，以及鬼神崇拜的思維，漸漸形成具備宗教形式的信仰，這也是最原始、最正統的道教；後來道教在明清兩朝的沿海省份發生了一些變化，加入了傳統庶民的宗教禮俗及儀式，進而產生了許多宮廟，而台灣的宮廟文化，大抵上就是從鄭成功時代開始慢慢從福建一帶傳過來的。

　　現在台灣大型宮廟所奉祀的神明，幾乎全部都是從大陸的宮廟主神分靈而來，所以民間才會有那麼多西返尋根的進香謁祖活動。

　　台灣人所習慣的「道教」，其實正確來說應該是台灣民間信仰，不過如果沒有研讀過相關文獻的話，一般人是很難做出區分的，所以我在接下來的內容會分別針對道教及台灣民間信仰進行說明，讓廣大的信眾更加了解淵遠流長的道文化真實的樣貌，而這也是我撰寫本書最主要的目的之一。

▲ 中國道教協會李光富會長

道教的由來

　　在介紹道教信仰的由來之前，我想先針對幾個重要的
用語做個說明。首先，道家所指的是老莊思想，這是一種
學派、一種哲學思維，主要闡述的是人類對宇宙萬物的解
釋，以及對生而為人的意義所做的探索；道教所指的是源
自於黃帝學派的多神宗教，主要追求的是修道成仙、濟世
救人，跟道家的哲學思維不同，道教是貨真價實的宗教信
仰，有完整的信仰體系，也有嚴謹的規範及豐富的經典。

　　接著談到信仰道教的人，可分為道教信徒及道教徒，如何區分呢？簡單來說就是以「有沒有正式進行過皈依儀式」作為辨別基準，沒有皈依但信仰道教，並且會以傳統方式敬拜道教神尊的人，一般會以道教信徒或信士來稱呼；經過正統儀式皈依洗禮的人則為道教徒，而道教徒又可區分為出家道士及火居道士，出家道士一般會遠離塵囂修道，火居道士則是在家修行，可以娶妻生子，並以符籙齋醮為業。

簡單統整一下

道家：老莊哲學思維。

道教：宗教信仰。

道教徒：正式皈依的道士或居士。

道教信徒：尚未皈依但信奉道教的信眾，包含信仰王爺及媽祖等神明的信眾們。

　　有了基本概念的共識之後，就可以開始來談道教的緣起由來。當然，關於道教的起源，歷代已經有非常多經典書籍談論過，網路上也有非常多相關資訊可供參考，只是內容非常龐雜，而且有些說法真假難辨，有些則晦澀難懂，神話故事、稗官野史，再加上各家各派不同的說法，雖然讓道教的故事變得多姿多采，但卻也難免有些偏離事實正軌。

　　所以我想藉由這本書的出版，盡我所能為大家做個小小整理，在深入淺出的前提下，有邏輯且去蕪存菁地提供

一個簡單易懂的版本供讀者參考，而我主要的目的，就是
希望在目前台灣道、儒、釋及民間信仰共存共榮，但又互
相混搭難分難捨的現況下，能讓更多人了解道教，進而讓
大家學會分辨各個宗教的分野。

　　基本上，對自己的信仰越清晰，能從中得到的心靈支
持也就越多，如此一來，道教就能為這個世界帶來更多穩
定人心的力量。

起源於張天師的五斗米道

　　東漢順帝時期（西元一二五年至一四四年），太平經
已經問世，這是歷史記載中最古老的道教經典，傳說是仙
人授予「活神仙」于吉的，共一百七十卷，又名「太平清
領書」；裡頭有許多修道師徒的對話紀錄，闡述學仙修道、
輔佐君上、行善積德等等的道理，另外還有符咒、治病、
長壽、成仙等道教觀念或神仙方術，內容豐富且多元，因
而被列為道教七部中的太平部。

道教經典：三洞四輔十二類

三洞四輔十二類指的是道教經典的分類方法，三洞和
四輔又合稱為「七部」。三洞包含有洞真部（上清
經）、洞玄部（靈寶經）、洞神部（三皇文）；四輔
則有太玄部、太平部、太清部、正一部，
十二類：經典原文、神符、玉訣、靈圖、譜錄、戒律、
威儀、方法、眾術、記傳、讚頌、章表

　　道教教派的成立，可以追溯至東漢順帝年間，當時道教早期的經典「太平經」已經成書，張陵也於漢安元年（一四二年）習得「正一法文」和「正一盟威秘籙」，並且進入蜀地廣傳「正一道」（俗稱「五斗米道」）。

　　張陵，也就是後人所尊崇的張天師，在今天的四川一帶設立「二十四治」，廣收徒眾、訂立規條，形成道教中第一個教派，因此我們也可以說，道教於此時正式創立。

　　到了魏晉南北朝時期，隨著煉丹術的盛行和相關理論的深化，道教獲得了很大發展。同時，道教也吸取了當時風行的玄學，豐富了自己的理論。東晉建武元年，葛洪對戰國以來的神仙家理論進行了系統性的論述，撰寫了「抱朴子」一書，是道教理論的第一次系統化，道教的思想內容從此變得豐富多元。

　　另外，同一時期寇謙之也在北魏太武帝的支持下建立了「北天師道」；陸修靜則建立了「南天師道」。

北全真、南正一

　　到了唐宋，唐高祖李淵認老子李耳為祖先，宋真宗、宋徽宗也極其崇通道教，所以在這兩個朝代道教是備受尊崇的，甚至搖身一變成為了國教。此時也出現了茅山、閣皂等派別，天師道也重新興起。至於理論的部分，陳摶、張伯端等人闡述的內丹學說，則是在民間非常盛行。

　　此階段不僅中國內部道教有所發展，更藉由人民的遷徙，以及文化的交流，讓道教思想得以弘揚至亞洲其他各地區。

　　比方說，東晉末年，五斗米道在中國南方發動起義失敗後，盧循率部逃至越南交州，越南人李脫幫助盧循進攻交州府城，失敗後自盡，這是道教傳入越南最早的記載。

　　另外，諸如韓國融入壇君神話的天道教，或日本結合日照天神、崇仰天皇思想、祭祀神靈的神道教，也都是類似的狀況。不過，除越南道教還留有傳統本質之外，韓國天道教、日本神道教基本上已經與道教大相逕庭了。

　　金朝時，在北方出現了王重陽創導的全真道。後來，王重陽的弟子丘處機為蒙古成吉思汗講道，因為頗受信賴，所以得到了掌管天下道教的權力。

　　全真道在政治庇護下迅速崛起，讓其他派別感覺受到威脅，因此原本以龍虎山為根據地的天師道，以及茅山的

上清派、閣皂山的靈寶派等派別，凝聚起來合併為正一道，並尊張天師為正一教主，這才正式形成了「北有全真、南有正一」兩大派別的格局。

到了明朝，朱元璋敕封龍虎山第四十二代天師張正常為「正一教主」、「護國闡祖通誠崇道弘德大真人」，而後又令張正常天師掌管所有道教事宜，甚至親筆寫下「永掌天下道教事」這一行字。

永樂帝朱棣則自詡為真武大帝的化身，所以對祭祀真武大帝的張三丰及其武當派大力扶持。自此之後，一直到清朝，乃至於民國建立，道教道教依然在多元的宗教中占據著主導的地位。

道教信仰來到台灣

至於道教是如何在台灣發展起來的呢？前面的章節也有提到主要的三個途徑，分別是請香火、神明降乩救世，以及神明分靈。根據史料紀載，台灣有不少宮廟的神明是閩南地區（泉州、漳州、潮州、福州等）的先民所帶來的，還有鄭成功家族，帶來了許多神明的分靈。

其實，道教會在台灣發展成如今三、五步就能見到一廟的盛況，主要原因之一還是要歸功於主張反清復明的鄭氏王朝，以及當時的社會背景。清朝當時剛入關，深怕明朝舊部死灰復燃，所以不允許民間私自成群結黨，就連宗教組織也嚴格查緝，這也使得一些已經小有規模的宗教團

體成為官府追捕的
對象，像是洪門、
青幫、理教等等。

　　鄭氏家族見此
情況，當然立刻
對這些團體招手歡
迎，也就因為這
樣，那個時期就有
許多道教派別來到
台灣。

　　由於鄭氏家族根據地在台南，所以台南有不少現存的
百年古廟，整個南部地區也是道教最為興盛的區域，不過
有個地方在史料及科儀的傳承方面也貢獻良多，但卻被多
數人忽略，那就是澎湖。

　　在那個年代，先民搭船渡海而來是一件不容易的事，
畢竟台灣海峽非常湍急，自古就有「黑水溝」的惡名，尤
其是在澎湖附近的海域，最是令人膽戰心驚，因此有不少
帶著神明分靈的先民，會將澎湖選為中繼站，其中就有一
些具備道教科儀知識的道長、道士，直接留在澎湖生活。

　　所以，現在澎湖的幾間宮廟還保有傳統結界的小法科
儀，就像馬公石泉朱王廟就很用心地在培訓國小孩童學習
小法祭祀科儀，好讓這項傳承百年的民俗技藝能夠繼續發
揚光大。

1-5

道教的神明
系統詳解

　　看到這裡，讀者們對於道教文化以及台灣民間信仰之間的差異點，應該多少有些了解。事實上，道教已經可以說完全融入在台灣民間信仰之中，不過這也是大型宗教的特色之一，像是基督教及佛教，也都在歷史的推演過程中，衍生出許多不同的支派。但無論如何，信仰所要帶給人們的安心感、穩定感，以及讓人們對人生、

對未來懷有盼望，這些根本的宗旨是不會變的。

　　不過，既然談到了這麼多道教的背景與特色，我想還是應該要將道教的神明系統清楚介紹出來，讓廣大的信眾能夠更貼近道教的眾多神明們，如此一來在敬拜的時候相信也會更有感。

宛如公司體系的道教神明系統

　　道教的最高尊神（創始之源）就是「太上老君」，全稱是「一炁化三清太清居火赤天仙登太清境玄氣所成日神寶君道德天尊混元上帝」，常聽到的其他稱謂還有「道德天尊」、「混元老祖」、「清微始祖太清道德五靈玄老君」等等。

　　太上老君就是神格化的老子李聃，從道家一路到道教，在中華文化漫長的歷史之中，老子的影響力始終無人能敵。

　　跟太上老君差不多同位階的還有兩尊神明，一是元始天尊，一是靈寶天尊，三神合稱「三清」，一般說法是玉清元始天尊、上清靈寶天尊、太清道德天尊。道教從漢朝的張道陵天師創建之後，在各個朝代都經歷過不同程度的變革，像是魏晉南北朝時期，道教派系紛起，因而也出現了元始天尊的境界更高於太上老君的說法，而靈寶天尊則是元始天尊分化出來的，兩者位階同等，並非師徒關係，所以排位上會以元始天尊為最尊神，靈寶天尊次之，太上老君則是三清之末。

　　現代道教持續傳承的種種文化及道法，大致上是在南北朝時期奠定下來的，所以我們同樣也是將三清視為最高階的神明，就公司體系來說，就是三位董事長。

　　道教是多神信仰，包容性相當高，所以對於其他宗教或上古時期的神明，也都抱持崇敬的態度，因此我們可以說，盤古、女媧、伏羲、神農、黃帝、三官大帝等上古神明，等同於道教的外部顧問，佛教的菩薩、金剛等等也是如此。

信眾熟知的神明

聊完最尊神之後，接下來就要進入大家較為熟知的神明了。在三清之下的神明就是玉皇大帝，等同於一間公司的總經理；與玉皇大帝同位階的則是西王母，也就是瑤池金母。

玉皇大帝之下有勾陳上宮天皇大帝、中天北極紫微大帝、東極青華大帝、南極長生大帝、承天效法后土皇地祇，這幾尊神明與元始天尊、靈寶天尊、道德天尊的三清合稱為「三清六御」。

再往下就有不同的事業群了，一般統整起來可分為六大事業群，分別是：

● **道教神仙群**：八仙、南斗星君、北斗星君，以及四聖、四元帥、雷部等等的護法神明等。

● **自然崇拜群**：日月星晨、雷電風雨、山雲土石，還有大樹公之類的神明。

● **靈魂崇拜群**：關公、媽祖、岳飛、鄭成功等，歸在這一類。

● **祖先群**：歷代先祖、祖公、祖媽等。

● **鄉土神明群**：開漳聖王、青山王、清水祖師、五福大

帝等，這類的神明各有其起源處，例如保生大帝來自泉州在地信仰、臨水夫人來自福州在地信仰、三山國王來自潮州在地信仰等。

● **特定神明群**：包含趙公明、韓信等財神；還有巧聖先師魯班，以及土地公、城隍爺、地基主等。

在上述的事業群之中，信眾最為熟知且幾乎都有接觸過的當屬土地公及地基主，畢竟這是與人民生活息息相關的神明，每一個庄頭、每一個村落，基本上一定都會有土地公廟或地基主廟，藉以凝聚在地信仰、護佑鄉土。

由於神明體系多且廣，因此也造就了有非常獨特的廟宇建築，以及融入生活之中的節慶文化，下一小節就來深入聊聊道教影響深遠的藝術與人文。

台灣道教主要神明系統類比記憶組織圖

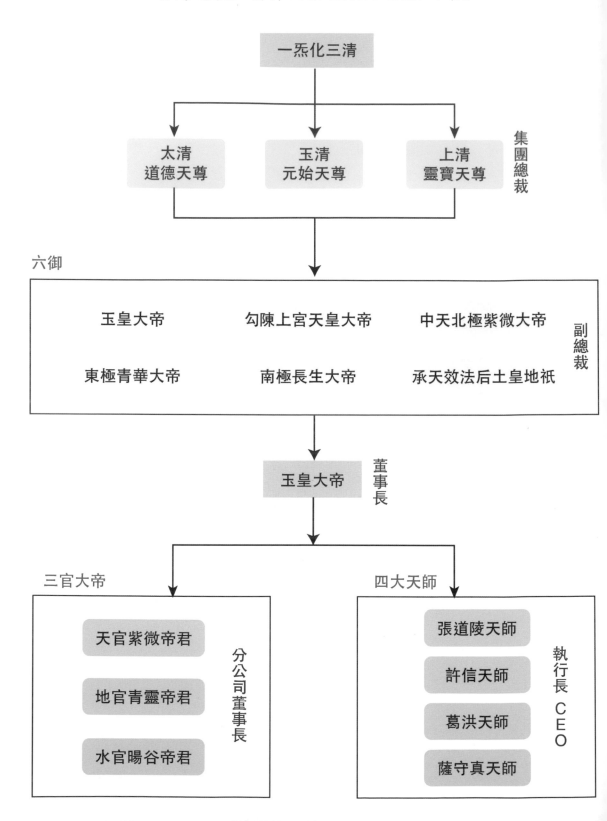

雷部將軍

由九天應元雷聲普化天尊執掌

事業群

道教神仙群	自然崇拜群	人格神	祖先群
西王母、東王公、 斗姆、八仙/呂洞賓	日月星辰雷電風 兩河山雲土石灶	關公、媽祖、 岳飛、鄭成功	祖公、祖媽

台灣主要道教神明　　獨立事業群

鄉土神　　鄉土部

漳州	開漳聖王
漳州紹安	五顯大帝
泉州	保生大帝　霞海城隍
泉州安溪	清水祖師　保儀大夫　顯應祖師　法主真君
泉州三邑	青山王/惠安　廣澤尊王/南安　龍山寺千手觀音/晉江
福州	五福大帝　臨水夫人
汀州	定光古佛
潮州	三山國王

特定神　　專案部

五恩主	關聖帝君　孚佑帝君　司命真君　岳武穆王　王靈官
五文昌	文昌帝君　魁星星君　朱衣神君　孚佑帝君　關聖帝君
五路財神	趙公明/玄壇真君　招寶　納珍　招財　利市
文武偏土財神	趙公明　關公　韓信　土地公　布袋和尚/彌勒佛
五府千歲	李、池、吳、朱、范
土地神社	地後　城隍　土地公　地基主
三十六神將 專業神明	巧聖先師/魯班公 荷聖先師/泥水匠業 爐公先師/打鐵鑄造

1-6

道教的藝術與人文

　　道教的宮廟建築非常有特色，除了建造的時候一定會請風水師針對方位精挑細選，而且大多還會透過擲筊的方式請示主祀神明的意旨，因此基本上有廟的地方都是福地，而這也是台灣人喜歡往宮廟跑的主因之一，一旦進入廟宇腹地，就會感到安心平和，身心靈都放鬆下來。

　　不過，可能是由於宮廟數量真的非常多，所以大多數的信眾都習以為常，反而沒有很注意廟宇建築的種種特色，比方說會以中軸線為基準的左右對稱模式，就充分顯示出平衡之美；另外還有圖像複雜的石柱、石雕、木雕、彩繪等，全都寓意深遠、美輪美奐，像是屋頂上的裝飾會有雙龍搶珠、雙龍護塔、甚至八仙過海、虎豹獅象、福祿壽三仙、麒麟飛鳳等靈獸、山川雲彩等等，有時間走訪宮廟的話，可以多留點時間抬頭看看屋頂及樑柱的雕刻作品，甚至可以向廟公、住持或志工詢問建築特色及用意，相信一定會有意外收穫。

雕刻作品常以歷史故事作為藍圖

　　道教伴隨著歷史一起走過了數千年的歲月，很多經典的歷史故事往往也會成為道教的神話傳說，所以在建築或彩繪作品上見到熟悉的人物或場景也就不足為奇了。比方說大家最耳熟能詳的八仙過海，或是三國時代的桃園三結義，以及許多與忠孝節義相關的故事，就經常可以在宮廟的裝飾上看見。

　　此外，年代較為久遠的宮廟，大多是木造架構，因此藏有許多老一輩工匠巧奪天工的技法，尤其是以合乎力學原理的方式將樑、柱、斗、栱等部位巧妙組合，堅固的程度甚至比現代的鋼筋水泥建築還穩，令人讚嘆不已。

　　宮廟的建築之美真的說也說不完，光就頂樑而言就有成千上百種的變化，堂前的樑柱也是如此，有些是一條龍直接盤據在上，有些是層層疊疊的道教神話故事。更重要的是，無論宮廟大小間，在建造的時候一定都會按照傳統的禮俗進行，即使是路邊常見的五營將軍小廟，也不會因為廟體小就大而化之，仔細看還是都能發現屋頂等處的精妙與用心。

從藝術人文窺見道教信仰對生活的影響

　　千百年下來，道教信仰深入民心，因而也衍生出各式各樣的藝術作品，除了上面談到的廟宇雕刻、建築之美，另外包含繪畫、木雕、陶藝，甚至是現代的電影、影視節目等等，也都可以見到道教信仰對日常生活的深刻影響。

　　近幾十年來，網路科技及電子產品越來越發達，幾乎人人都變成了低頭族，九〇後的孩子們更被稱為是數位原住民，思維與觀點都相當新潮且富有創意。在科技如此興盛、文明發展如此迅速的情況下，道教信仰卻依舊屹立不搖，顯見這樣的宗教能量已經灌注在我們的DNA之中。

　　比方說，從大甲媽、白沙屯媽等出巡遶境的隊伍之

中，經常可以見到年輕人也一起來參與，表示傳統的節慶儀式已經開始啟動世代傳承；再者，近年來也有不少年輕的道士加入了主持科儀的行列，中華道教聯合總會對此也相當重視，後續章節會再深入說明培育年輕人學習科儀的實際做法。

　　前不久在新聞上看到桃園有一位年輕的道士一手包辦「安龍謝土」的道教科儀，還親手創作出一條栩栩如生的米龍，藝術性之高令人嘆為觀止。米龍在傳統科儀上占有重要地位，總會也曾在二〇一四年以五萬斤白米打造出打破金氏世界紀錄的超長米龍，總面積達一七九九平方公尺，很開心見到這項需要極大耐心與毅力的道教藝術創作，能有年輕一輩的優秀人才願意承接。

1-7

道教神明
的故事

　　前面提到許多宮廟的雕刻及道教相關的藝術創作，都會以千古流傳下來的神話故事，或是歷史中的真實事件來當作發想藍圖，所以緊接著就來談談幾個經典的道教故事，藉此讓信眾們了解為什麼這些神明能夠經得起時間的考驗，迄今依舊深得民心。

救苦救難的媽祖娘娘

　　媽祖在台灣可說是影響力最為深遠的道教神明之一，自從鄭氏家族將媽祖信仰帶到台灣來之後，幾百年來媽

祖廟可說是全台遍地開花，甚至延伸出相當龐大的信仰
體系，大媽、二媽、三媽、黑面媽、金面媽等等，雖然
看似複雜，但要分辨其實並不難，不過在說明之前先帶
大家重溫一下媽祖的故事。

相傳在北宋年間，湄洲島上有一位從小就有異能的
仙姑名為「林默」，暱稱默娘，十幾歲就獲道教真人開
示，習得變化靈通的道術。

湄洲島民幾乎都以捕魚為生，林默的父兄也不例外，
出海捕魚難免會遇到風浪，傳出意外災情也是稀鬆平常
的事情，然而大慈大悲的林默不捨父兄及島民受苦，多
次出手以神通平息風浪，拯救海上的船隻。到了二十九
歲時，林默神化升天，自此之後就經常可以聽到漁民闡
述海難中有紅衣女神現身救難的傳說，媽祖信仰也就慢
慢傳了開來。

林默的故事過往曾出現在小學課本之中，即使沒有
讀過，也有非常多繪本或故事書，甚至是電視劇在談論
媽祖的由來，所以我相信媽祖應該可以稱得上是全台灣
知名度最高的道教女神。

至於大媽、二媽等等的媽祖稱謂究竟怎麼分辨？有
一派的說法是從分靈的源頭來區分，由湄洲島分靈而來
的稱為湄洲媽、同安來的稱為銀同媽、安溪來的稱為清
溪媽、泉州來的稱為溫陵媽、漳州來的稱為烏石媽；另
外還有一派的說法是因應出巡需求而形成大媽、二媽、

三媽，也就是「大媽鎮殿、二媽吃便、三媽出戰」（台
語發音）的由來，鎮守大殿供人祭拜的是大媽，陪祀的
神像則是二媽，負責出巡遶境的則為三媽。

唯一橫跨道、儒、釋三教的真男神關公

　　佛教的伽藍菩薩、道教的恩主公及關聖帝君，還有
儒教（儒宗神教）的武聖人、文衡帝君等，這些稱謂所
說的基本上都是同一尊神明，也就是三國時代知名的忠
義武將關雲長。

　　喜歡三國故事的人，對於關公的英勇事蹟肯定非常熟悉，包含華陀為其刮骨療傷，他仍面不改色；還有溫酒斬華雄，曹操賜的溫酒都還沒涼，關公就已經了結袁術大將華雄了；當然最令後世稱道的就是關公與曹操的交手，曹操為了將關公納入麾下，無所不用其極地示好，沒想到關公一得知劉備的下落之後，連夜就離開曹營投奔大哥，如此忠義的形象，讓關公千年來始終是華人圈的共同信仰，並且也是唯一橫跨三大宗教的真男神。

九天玄女降落

　　二○二二年，youtuber阿翰拍了「算命阿姨之九天玄女」一片，讓九天玄女降落降落成為街頭巷尾的流行詞彙，因而也吸引了許多人關注到九天玄女信仰。不過，關於九天玄女的由來，可能多數人並不清楚，所以我也藉此機會來聊一下這位爆紅的女神。

　　相傳九天玄女是西王母的部下，屬於先天真仙，為人頭鳥身的女神，法力無邊且精通兵法戰術，經常在戰場上現身施

法、匡扶正統。像是黃帝大戰蚩尤之時，九天玄女就曾出手相助，並成為黃帝的老師；唐朝貞觀年間，大將李靖遠征突厥，九天玄女也曾助其一臂之力。

台灣目前有不少主祀九天玄女的宮廟，像是新北五股的九天玄女宮、三峽的無極七玄宮、桃園八德的天德宮，以及台中大雅的九天玄女廟，也就是著名的九天民俗技藝團（以下簡稱九天）根據地。

除了阿翰之外，九天同樣也是九天玄女信仰的最佳代言人，人氣電影「陣頭」就是以九天的故事為背景。

九天除了傳承信仰之外，還將廟會上的陣頭提升為藝術文化表演的層次，因而受到社會各界的肯定，並且也多次拿下政府所頒發的獎項，成為文建會重點扶植的國家級優良表演團隊，這是一件非常不容易的事情，對於道教文化的推廣更是意義重大。

【第二章】

2-1 大甲鎮瀾宮媽祖遶境登上國際
2-2 大龍峒保安宮的保生文化祭
2-3 萬華大鬧熱艋舺青山王祭典
2-4 行天宮恩主公誕辰
2-5 松山慈祐宮聖母出巡遶境
2-6 白沙屯拱天宮媽祖遶境
2-7 東港迎王平安祭典
2-8 台南鹽水武廟蜂炮祭典
2-9 苗栗清微山玉清聖殿祝嘏大典
2-10 苗栗顯化宮普渡祭典
2-11 苗栗玉清宮最盛大的客家元宵慶典
2-12 北港朝天宮鬧元宵
2-13 彰化南瑤宮（潦溪進香活動）
2-14 竹山紫南宮神明銀行、吃丁酒
2-15 新港奉天宮天上聖母元宵遶境
2-16 霞海城隍廟文化祭
2-17 台南首廟天壇初九天公生
2-18 新竹都城隍遶境賑孤
2-19 馬鳴山鎮安宮五年千歲出巡

民俗慶典 01

你應該要知道的道教

2

2-1

大甲鎮瀾宮媽祖
遶境登上國際

　　說起台灣的宗教慶典，相信大多數的人第一時間聯
想到的應該都是「三月瘋媽祖」的全台媽祖大遶境活動，
其中又以大甲鎮瀾宮九天八夜的四縣市〈台中、彰化、
雲林、嘉義〉遶境最為知名，不僅每年都有幾十萬甚至
累積破百萬的人次參與其中，還吸引許多外國友人前來
朝聖，並被 Discovery 列為世界三大宗教盛事之一，同時
也被聯合國教科文組織評定為「世界非物質文化遺產」。

　　一七七〇年〈清朝乾隆年間〉，大甲鎮瀾宮的前身「大甲堡天后宮」從原本的小廟改建落成，並且訂下了每十二年回到湄洲島謁祖進香的古例。到了一七八七年，天后宮進行擴建，並改稱為現今的鎮瀾宮，所以說，我們熟知的大甲鎮瀾宮，迄今已經有兩百五十多年的歷史。

　　一九一三年，日本政府不再允許鎮瀾宮前往湄洲島進香，於是當時廟方便改為到北港朝天宮進香，後來慢慢形成了一年一度的遶境進香活動。至於為什麼鎮瀾宮媽祖要到朝天宮進香呢？原因就在於朝天宮的媽祖金身，就是從福建省湄洲朝天閣迎來的。

　　一六九四年，樹壁和尚將湄洲朝天閣的媽祖金身迎到台灣，並於雲林笨港登陸，在媽祖指示及在地居民的祈求下，樹壁和尚旋即就地建廟，並展開收徒及傳法的弘道之路。朝天宮的創建時間，有說是乾隆年間，有說

是更早的雍正年間，但無論如何，朝天宮的媽祖金身就是湄洲祖廟朝天閣的分靈，這也才造就了鎮瀾

宮媽祖到朝天宮進香的慣例。

　　在一九四八年到一九六〇年之間，其實大甲媽徒步遶境的參與人數還沒有到很多，大概到了一九六二年，跟著一起走的信徒才越來越多，而且媽祖鑾轎沿途停駕的地點也新增不少，所以原本七天六夜的行程慢慢演變成九天八夜，規模也一年比一年還要盛大隆重。

　　後來到了一九八八年，到北港朝天宮進香的慣例改成前往新港奉天宮，名稱也統一為「大甲鎮瀾宮天上聖母遶境進香」，有關於奉天宮的相關歷史典故，在後面的內容會詳細提及。

　　媽祖在台灣信眾心中占有非常高的地位，與玉皇大帝、王爺、關聖帝君等神明齊名，各地的媽祖廟香火都非常鼎盛，當然最具代表性的還是要屬大甲媽。為了吸引年輕族群參與大甲媽遶境，中華道教聯合總會與鎮瀾宮攜手合辦了「媽祖國際觀光節」活動，讓年輕人進來擔任接待，藉此培植下一世代的道教文化種子。

2-2

大龍峒保安宮的
保生文化祭

　　保生大帝是道教信仰中重要的醫神，相傳在北宋年
間，受人景仰、救人無數的「大道公」吳真人〈吳本〉，
在飛升後被奉為保生大帝，其宮廟有的稱為保安宮，有
的稱為大道公廟。台灣的保生大帝信仰是跟隨著福建同
安縣的移民一起過來的，如今已在台落地生根、傳信甚
廣，北中南都有具代表性的保生大帝宮廟，像是台南慈
濟宮、台中元保宮，以及台北大龍峒的保安宮。

　　大龍峒保安宮的歷史可以追溯到清朝的乾隆年間，回字型的三殿規模在當時來講是非常困難且浩大的建築工程，所以清政府花了二十多年，從嘉慶十年〈一八〇五年〉建到道光十年〈一八三〇年〉才終於落成，由於採用的是石頭建材，再加上工法嚴謹，所以整體來說相當耐用，只可能中間經歷過一些戰亂械鬥，因此有過幾次的翻修紀錄。

　　保安宮最為人稱道的就是門口的一對仁獸及法獸，用來取代常用的石獅子；另外，廟內還奉有三十六宮將神像，那是廟方在一八二九年從泉州聘請雕刻名師許嚴特地來台創作的，不僅具有歷史意義，且藝術性也相當高。

　　二〇二二年十月，台北市文化局為保安宮頒發證書，宣告大龍峒保安宮保生大帝聖誕慶典登錄為無形文化資產，藉以表彰其維護及發揚道教信仰的貢獻。

　　保生大帝的誕辰是農曆的三月十五日，所以台北市大同區的信眾就會在這天統一進行祭典儀式，爾後到了一九九四年，文建會進一步帶動傳統的廟會活動啟動文化轉型，讓保生大帝的誕辰祭典轉變為具有地方特色的宗教活動，後來漸漸成為如今的「保生文化祭」，並且還與大稻埕霞海城隍廟、艋舺青山宮並列為台北三大廟會。

2-3

萬華大鬧熱艋舺
青山王祭典

　　座落在台北市萬華區的艋舺青山宮，建造於一八五六年〈咸豐年間〉，主要供奉的神明是青山靈安尊王，屬於泉州惠安人的王爺信仰之一，同樣也是隨著閩南的移民傳到台灣來。

　　相傳在咸豐年間〈一八五四年前後〉，艋舺地區瘟疫盛行，許多人因此病逝，為祈求疫情早日消散，來自泉州惠安的漁民便返回家鄉供請青山王分靈來到台灣，果然肆虐已久的瘟疫很快就平息下來，頓時之間青山王信仰傳遍大街小巷，信眾與日俱增。

每年農曆的十月二十日至二十三日是青山王祭典，也就是俗稱的「艋舺大拜拜」或「萬華大鬧熱」，其中二十日、二十一日兩天是夜間遶境的夜訪，二十二日才是白天的遶境正日。之所以會選在夜間出巡，就是為了搜捕妖魔、去除邪祟，原本的形式相當低調，沒有鑼鼓喧天的吵雜，人們也安靜無聲，整個隊伍默默行進，氣氛非常嚴肅緊張。後來隨著參與夜巡的人潮漸漸變多，原本肅殺的氣氛也逐步降低，並且增添了幾許人神同樂的祭典感。不過，雖然現在的青山王夜間遶境變得熱鬧許多，但還是會盡量將鑼鼓聲降到最低，保有原本搜捕惡鬼的氣勢。

連兩天的夜巡結束後，緊接著就是遶境正日，在地鄉親幾乎傾巢而出，來自全台各地或世界各國的遊客也非常多，而且因為正日開放外界陣頭參與，所以整場祭典可以說是分秒精彩、毫無冷場。

在青山王祭典過程中，最讓人感到震撼的就是八將團成員所帶來的升堂儀式，眾人氣宇軒昂齊聲呼請「恭請王爺升堂！升堂！升堂！」只要人在現場，一定會被這股氣勢所震懾。

二〇〇三年，正當 SARS 病毒大舉肆虐時，青山宮的靈安尊王決定舉行遶境活動，出來將可怕的瘟疫送走，果然當年五月底，疫情就受到了控制。到了二〇二二年，新冠疫情逐漸有好轉傾向，因此青山宮也特別盛大舉辦

艋舺大拜拜活動，除了力邀北港朝天宮、白沙屯拱天宮、四湖參天宮、淡水清水巖祖師廟、大甲聖母宮、麥寮拱範宮等知名宮廟的神明齊聚艋舺，更出動五百台無人機演出百萬煙火秀，規模之大令人難忘。

　　傳承多年的青山王祭艋舺大拜拜，直到現在還能有如此高的人氣，而且還進一步成為國際知名的宗教盛事，其實除了要感謝老一輩的地方耆老辛苦傳承之外，年輕一代願意出來承接也非常關鍵。近年來我們可以觀察到青山祭除了有年輕化的趨勢之外，爐主也是由在地青年扛了起來，這與中華道教聯合總會積極培育青年信仰種子是一樣的，期許今後會有越來越多年輕人願意跳出來接下傳承的重擔。

2-4

行天宮恩主公誕辰

　　台北行天宮是著名的觀光旅遊景點，終年國內外遊客絡繹不絕，而且進入正殿之後經常可見到兩旁排著長長的人龍，都是為了讓廟內的師姐協助收驚安神。這個濟世的服務是完全免費的，行動不便的長輩、病患或小朋友，也可以由家人帶著有袖子的上衣來進行收驚儀式。

　　興建於一九六七年的行天宮〈又稱為恩主宮廟〉，在北部還有兩處分院，一是三峽的行修宮，二是北投的行忠宮，三者合稱行天三宮。就行天宮而言，廟中主要奉祀的神明是五聖恩主，分別為關聖帝君、呂恩主呂洞賓、張恩主張單、王恩主王靈官，以及岳恩主岳飛。

　　由於行天宮提倡正信理念，所以廟內不供奉牲禮肉食、不演戲酬神，也不允許扶乩辦事，當然不燒香、不焚化金紙等符合現代環保觀念的規定，也是眾所周知。

　　與前面所提到的大甲鎮瀾宮媽祖遶境，或青山王祭典艋舺大拜拜比起來，行天宮的關聖帝君祭典的確是低調許多，不過，由於關公在台灣信仰中具有特殊地位，除了是佛教的伽藍菩薩之外，還是儒教〈儒宗神教〉五文昌中的文衡帝君，當然更是道教領域中大家熟知的關聖帝君，其忠義形象還是在台灣受到大批信眾追隨，而且商業界還將關公奉為武財神，能夠庇護商賈、招財進寶。基於以上種種原因，使得關聖帝君誕辰〈農曆六月二十四日〉一到時，信眾們還是會湧入行天宮祝壽。

　　行天宮的關聖帝君誕辰祭典有相當多儀式，包含三獻禮、三步一跪禮、請領契孫平安袋等等，其中認關公為契爺爺就非常受信眾歡迎，不管是小孩子或成人，都可以祈求契孫平安袋，然後每年關聖帝君誕辰時再回行天宮換發，保佑平安吉祥一整年。除了契孫平安袋之外，行天宮還有行車平安袋及兵役平安袋可求取。

2-5

松山慈祐宮聖母
出巡繞境

　　住在台北松山區，或是常去饒河街夜市的朋友，對於夜市旁的慈祐宮一定不陌生，這是建於清朝嘉慶、道光年間的廟宇，因為其所在地古稱「錫口」，所以一開始被稱為「錫口媽祖宮」。

　　慈祐宮有一個相當神奇的故事，清治時期，曾有一位商人從福建仙遊縣來到台灣做生意，因為看到錫口媽祖宮香火鼎盛，所以便萌生將媽祖分靈請回故鄉的念頭，後來幾經輾轉終於實現，商人成功將分靈請回仙遊縣的媽祖總宮——「仙霞媽祖廟」，據說當時錫口媽祖宮還有提供資金，讓仙遊縣的在地民眾可以買地蓋廟。後來因為香火非常鼎盛的關係，仙霞媽祖廟還前前後後分靈出九間媽祖廟。

　　直到二〇一〇年，仙霞媽祖廟應大甲鎮瀾宮的邀請來到台灣參訪，廟方的人才意外看到松山慈祐宮廟前的錫口兩字，與仙霞媽祖廟內的聖意牌用字一樣，進而追究出這一段塵封在歷史之中的精采故事。

　　每年的媽祖聖誕，也就是農曆三月二十三日前後，慈祐宮都會舉行盛大的十三街庄遶境，區域包含松山區的松山街、舊里族庄、東勢庄、上塔悠庄、中崙庄；信義區的中坡庄、五分埔庄、興雅庄、三張犁庄、車層庄；南港區的西新庄、後山坡庄；內湖區的洲尾庄等，沿途的商店住家幾乎都會在門前設案，擺上牲禮或鮮花素果恭迎媽祖聖駕，沿途非常熱鬧溫馨，能夠充分感受到慈祐宮在當地的影響力有多麼巨大。

2-6

白沙屯拱天宮
媽祖繞境

　　位在苗栗通霄鎮的白沙屯拱天宮，是當地非常重要的信仰中心，每年在主委擲筊請示出媽祖遶境的確定時程後，許多民眾就會開始期待要跟著「粉紅超跑」一起前往雲林北港朝天宮進香。

　　拱天宮的歷史可回溯到清朝乾隆年間，由來自泉州同安、惠安的先祖奉請媽祖分靈來台，陪伴及守護先祖在苗栗通霄一帶落地生根，因為相當靈驗，且慈悲事蹟不勝枚舉，所以拱天宮的香火一直都很旺，每年遶境時，也一定會出現信眾依序排隊跪拜等著鑽轎底的盛況。

　　有別於大甲媽祖遶境的形式，白沙屯媽祖的粉紅超跑可是沒有固定路線的，整個八天七夜的行程，要走哪條路、在哪個路口轉彎，全由神轎決定，信眾們用途步的方式跟著媽祖前進，沿途總會出現不少令人感動且不可思議的神蹟，比方說二○二二年五月的遶境，鑾轎行經彰化的彰水路及斗苑西路口時，突然停下並且原地繞圈，不久後信眾們才了解到原來是為了禮讓救護車通過。

　　另外，二○二一年由於疫情還在延燒，所以白沙屯媽祖遶境時取消了鑽轎底的慣例，不過行經花壇時，一位婦人抱著孩子跪在地上祈求，慈悲的媽祖也停下腳步，破例讓兩人鑽轎底，慈悲大愛讓現場信眾都深受感動。

　　二○二二年，高雄五甲的龍成宮邀請拱天宮媽祖南下鳳山遶境，成就了兩地媽祖百年來首度攜手的佳話，萬人空巷的震撼場面也印證了白沙屯媽祖的超高人氣。

2-7

東港迎王
平安祭典

　　台灣的王爺信仰系統影響力非常深遠廣大，東港極其盛大的迎王平安祭典，就是最具代表性的王爺信仰活動之一。有關王爺信仰的部分，包含各府王爺、千歲爺等等，由於內容太過龐大，所以我會在後面的章節深入說明，在此先針對東港「燒王船」的盛典來分享。

　　每隔三年舉辦一次的東港王船祭，在二〇〇八年即已登錄為「屏東縣民俗文化資產」，同時更於二〇一一年獲頒國家重要無形資產證書，顯見這個地方性的宗教活動有多麼受到重視。

　　基本上王船祭主要是由東隆宮主辦，並與東港聚落的七個角頭（村落）共同合作促成，這七個角頭都有一間主廟，分別是頂中街（東港進水宮）、下中街（東港朝隆宮）、安海街（東港福安宮）、埔仔角（東港鎮靈宮）、頂頭角（東港東隆壇）、下頭角（東港東福殿城隍廟）、崙仔頂角（東港鎮海宮）。

　　東港迎王平安祭典前後總共會有八天的活動，從第一天的「請水」開始，一路熱鬧到第八天「送王」的最後高潮，當中有出巡遶境、宴王大典，還有鎮瘟壓煞等等的祭典儀式。

　　東隆宮的主神是溫府千歲，相傳是唐太宗時期的進士，奉旨巡行天下時不幸在海上遇險罹難，太宗追封其為「代天巡狩」，從此便有了溫王爺的信仰，清朝康熙年間，福建泉州及漳州人士來台定居，將溫王爺分靈帶了過來，並在東隆宮現址興建宮廟，這也是溫王爺信仰傳至台灣的第一個據點。

　　除了迎王祭典之外，東隆宮本身也是一間讓人無法忽略的重要宮廟，除了有南部王爺信仰重鎮之稱，金碧輝煌的牌樓更成為觀光旅遊必訪景點，尤其是牌樓上「風調雨順」中的風字少一點，暗喻颱風能夠少一點，別有意境的巧思令人印象深刻。

2-8

台南鹽水武廟
蜂炮祭典

　　每年的農曆元月十五日是元宵節，也是俗稱的小過年，全台各地都會有傳統的熱鬧慶典，其中最引人注目的就是平溪的天燈，以及台南鹽水的蜂炮，合稱「北天燈、南蜂炮」。

　　鹽水蜂炮的起源最早可以追溯至清朝光緒年間，同樣也是由於鹽水地區瘟疫肆虐，居民們祈求武廟關聖帝君保佑，爾後神轎遶境出巡時沿路燃放爆竹，結果瘟疫真的就此遠離，從那時候起，每到元宵節關聖帝君遶境就放炮迎駕成為習俗。

　　經過多年的演變，原本的爆竹一步步進化為現今的犁蜂炮，且近年來又多了花車跟著神轎一起遶境，土地公及三太子等神明也會跟著一起加入，再加上全副武裝的信眾沿途跟隨，場面之震撼難以言喻。在主炮城的犁蜂炮，幾乎都會有兩百座以上的炮台，一次狂轟幾十萬發，兼以 LED 燈光投射、噴煙或噴水等等的科技特效，親身參與過的人都會直呼永生難忘。

　　主辦鹽水蜂炮的武廟，主要供奉的是關聖帝君，以及關平太子、周倉將軍等神明，除此之外還有五恩主殿，有關聖帝君、呂純陽祖師、岳府千歲、文昌帝君、司命真君。緊張刺激的鹽水蜂炮，如今已成為全球知名的宗教慶典活動，國際媒體曾冠以「世界三大民俗慶典之一」、「全球十大最佳慶典」等頭銜，每年舉辦時都會吸引成千上萬的民眾一起到現場親身感受蜂炮的威力，並接受關聖帝君的祝福。

2-9

苗栗清微山玉清聖殿祝嘏大典

　　位在苗栗縣通霄鎮烏眉地區的玉清聖殿，是中華道教聯合總會的所在地，四周環境清幽、地靈人傑，鄰近居民敬拜祈福絡繹不絕，每年也會有許多全台各地的香客前來朝拜，尤其是年底的祝嘏大典，各大宮廟都會派代表與會共襄盛舉，往往席開百桌，在莊嚴肅穆但不失熱情的氛圍中，一同慶賀道教最高神靈之一元始天尊的聖誕。

　　有關元始天尊的記載最早出現於東晉末年的「靈寶經」，相傳元始天尊是開天闢地的神靈，在天地初開之時便現身向諸神說法，進而成為道教公認的最高神，至高無上、與道同體，後世將其與靈寶天尊、道德天尊合稱「三清」。

　　玉清聖殿主辦的元始天尊祝嘏大典，在道教領域備受崇敬，除了宮廟代表之外，達官政要、企業高幹，以及各界領袖，也都會出席共沐神恩，二〇一九年舉辦時，親民黨主席宋楚瑜就曾親臨擔任主祭官，向神明焚香祈福，並且現場揮毫留下珍貴墨寶贈與玉清聖殿。

　　中華道教聯合總會與玉清聖殿一起弘揚道教文化，年度行事曆上總安排了滿滿活動，像是在二〇二二年七月疫情一波接一波的時候，就舉辦了護國祈安公益法會，並且透過線上直播的方式邀請無法親自到場的信眾一起來參與，匯聚眾人之力祈祝疫情消退、人民幸福、國運昌隆、世界和平。

總統賀電

華德二號電：109100338 號

中華道教聯合總會徐總會長文僅暨全體與會人士公鑒：

　　欣悉訂於本（109）年12月20日舉行清微山－玉清聖殿元始天尊聖誕萬壽祝嘏大典，特電致賀。至盼藉由此項盛事，協濟宗教政令宣導，凝聚地方團結向心，踐履人文公益關懷，攜手為構築安和樂利之溫馨家園而努力。敬祝活動圓滿成功，諸位健康快樂。

蔡　英　文

中華民國 109 年 11 月 4 日

　　總會所舉辦的法會全都屬於不收取費用的公益性質，起心動念就是希望所有人都能平安共好，相信也是因為這種服務貢獻的無私精神，讓總會的法會活動一直以來都保持相當高的人

氣，並且得到政府單位的大力支持，更難得的是許多地方宮廟也受到感召，紛紛加入公益法會的行列，大大地增加了道教文化的影響力。

2-10

苗栗顯化宮
普渡祭典

　　顯化宮位在苗栗西湖的五湖村，是當地民眾的信仰中心，香火鼎盛、遊客眾多，廟宇左側碩大的赤面三目天君神像相當威嚴宏偉，更是成為拍照打卡的熱門景點。

在顯化宮之內奉祀了多尊神明，其中主祀的神明是「豁落靈官王天君」，這尊神靈對信眾來說應該較為陌生，所以也藉此機會為大家做個介紹。豁落靈官正式的尊號是「豁落靈官雷聲應化天尊」，一般會以王靈官、王天君、王恩主等名來尊稱。

王靈官是道教護法神三十六帥之首，有些道教信眾會將其與關聖帝君、呂祖師、岳武穆王、張灶君合稱為五恩主，像台北行天宮的五恩主就是這五位神靈；當然也有另外一派的說法認為五恩主是關聖帝君、呂純陽祖師、岳府千歲、文昌帝君、司命真君，像台南鹽水武廟就是如此。但不管怎麼說，王靈官在道教信眾的心目中都有崇高地位，甚至與溫太保、馬天君、趙元帥合稱道教四大護法。

　　顯化宮最為人稱道的就是住持邱坤鑫，他年輕時曾在念經的過程中昏厥不省人事，隨後在神明附身拯救之後才甦醒過來，當時的他患有重病，但神明答應顯化神蹟加以醫治，條件就是當神明的代言人，結果邱住持就真的以健康的身體擔任神明乩身長達五十多年之久，如今九十多歲了仍在顯化宮持續服務。

　　說起顯化宮年度最為盛大的法會，當屬中元節的普渡祭典。為超渡亡靈、祈祝平安，宮內的道友都會以手寫的方式完成疏文，非常講究，因此整個傳統的七月慈悲月，廟前幾乎天天門庭若市，普渡法會當天更是人潮洶湧，擺放敬果的桌子綿延不絕，從中不僅能窺見道教文化在民間的深厚底蘊，更能了解顯化宮對道教信仰的貢獻。

2-11

苗栗玉清宮最盛大的客家元宵慶典

　　位在苗栗市區的玉清宮，供奉的是關聖帝君、孚佑帝君、司命真君，以及關平太子、周倉將軍等神明。由於苗栗是客家大縣，所以玉清宮的各項活動也融入了不少客家的傳統文化，像是客家元宵慶典就是最著名的例子。

　　一九八七年，玉清宮旁的玉清公園正式啟用，園內有一尊相當宏偉的關公騎赤兔馬雕像，從遠遠的地方就能看到；另外還有巨大的吉他、喇叭等樂器雕像，十分顯眼，架高的舞台上也經常會有傳統戲班的演出。

玉清宮的本殿及牌樓，也花了不少時間改建，到一九九七年才完全竣工。

傳統客家元宵活動之中，最熱鬧的莫過於「炸龍」，也就是在舞龍表演的時候沿路燃放鞭炮，象徵越來越旺。炸龍科儀具有文化傳承及宗教祝福的意涵，古禮中的神龍掛紅點睛儀式莊嚴肅穆。從一九九九年起，炸龍科儀就成為苗栗縣市重要的客家慶典，每年都會在國曆的一月底、二月初左右舉行，也就是元宵節前後，二〇二一年更進一步升級，加入聲光、影像等特效，結合成傳統與流行兼具的定幕劇，並以玉清宮為圓心，許多精彩節目都在宮前的廟埕演出。

客家有句俗諺是「月半大過年」，意思是元宵比過年還重要，因此慶祝活動也更為盛大，這也使得炸龍習俗越來越受到地方的重視，信眾都會希望藉著參與活動來沾沾喜氣，祈祝新的一年能夠平安吉祥、五穀豐收。

2-12

北港朝天宮鬧元宵

　　媽祖信仰在台灣非常盛行，全台各地幾乎都有媽祖廟，歷史最悠久的包含有澎湖天后宮、台南市北區的開基天后宮、彰化的鹿港天后宮等，而雲林的北港朝天宮相傳是樹壁和尚於一六八四年創建的，至今也有三百三十多年，是政府明訂的國定古蹟。

大家有機會去朝天宮參拜時，一定要仔細看看廟內的雕刻，尤其是搶眼的三對龍柱，均是清朝時代完成的，風格雖各不相同，但藝術價值同樣都非常高，光看就讓人心生敬意。

北港朝天宮附近有非常多在地美食，周遭環境整體而言非常繁榮發達，平時總是人聲鼎沸，到了農曆年後一直到三月瘋媽祖這段期間，遊客更居全台之冠，尤其以元宵節當天的「千人踩街鬧元宵」最為熱鬧。

朝天宮是元宵節提花燈的創始地，在雲林縣政府的大力支持之下，朝天宮的鬧元宵活動儼然已是國際性的宗教慶典，每到元月十五，朝天宮周遭的老街、水道頭文化園區等地點，都會有漂亮的花燈可供欣賞，夜晚走在張燈結綵的街頭，別有一番風味。

千人踩街的隊伍之中，除了能看到民眾攜家帶小提著燈籠一起參與之外，還有不少許多極具創意的隊伍，像是Q版的八家將、十二生肖花車，以及各式各樣不同造型的花燈，壯觀場面足以媲美迪士尼的花車遊行。而且仔細觀察，還可以發現不少工藝大師的作品藏在其中，讓整場活動更添傳統文化的氛圍，也更具傳承的意義。

以上照片取自北港朝天宮臉書粉絲頁

2-13

彰化南瑤宮
（濾溪進香活動）

　　延續朝天宮所談到的媽祖廟歷史，彰化市的南瑤宮同樣也是一座將近三百年的古廟，係由嘉義的笨港天后宮分靈而來。一七二五年，在斗六從事製陶工作的楊謙，將笨港天后宮的香火帶到彰化大埔磚窯奉祀，因為常顯神蹟、有求必應，所以信眾陡增、香火日盛，到了一七三八年終於匯聚眾人之力，興建了如今的南瑤宮。

　　基於飲水思源的崇敬之心，南瑤宮的信眾從清朝嘉慶年間就開始每四年一次前往笨港天后宮進香，由於從彰化到嘉義需要橫渡濁水溪，因此有了極為特殊的「媽祖潦溪」景象，在徒步進香的隊伍，從笨港回鑾來到濁水溪的時候，一行人會抬著神轎涉水而過，因而留下了媽祖「愛潦溪」的俗諺。

　　濁水溪的河面相當廣闊，少說也有七公里左右，涉水徒步行走具有一定難度，而且媽祖所選的吉時往往是在夜間，更增加過溪的難度，不過每每都還是會有成千上萬的信眾跟著一起走，像是在二○二一年舉辦時，進香隊伍就聚集了上萬人，包含彰化縣王惠美縣長、彰化市林世賢市長等人，也都一起徒步涉溪，藉此祈求媽祖慈悲，讓大家能夠遇水則發、國泰民安。

　　南瑤宮到笨港進香的重點儀式，就是流傳已久的「換龍袍」，從一九六○年代開始，南瑤宮的進香團就會攜帶新的龍袍到笨港，讓笨港媽祖金身（現供奉於水仙宮）能換上新裝。一個簡單的宗教儀式背後，蘊含著飲水資源的道理，希望這樣的故事能夠長長久久繼續傳承下去，好讓我們的後世子孫都能牢記媽祖的教誨。

以上照片由彰化縣政府提供

2-14

竹山紫南宮神明
銀行、吃丁酒

　　每到農曆年節，就會有大批遊客湧入南投竹山的紫南宮，大家都想在一年的初始去跟土地公求個好運，摸摸金雞旺一下手氣，甚至透過擲筊向土地公商借發財金，就是因為這樣的習俗，使得紫南宮香火鼎盛，與中和烘爐地和屏東車城的福安宮並稱全台三大土地公廟。

　　興建於乾隆十年（一七四五年）的紫南宮，迄今也有兩百多年的歷史，而廣為人知的發財金，其實也已經行之有年，大約是在一九六〇年代，廟方為了救急助難，幫忙附近居民改善經濟困境，於是便開放信眾前來索取發財金。不過，並不是每個人都可以求到發財金，需要向土地公擲筊取得同意才行，拿到發財金之後，也要記得隔年回到紫南宮還錢，然後再借新的發財金出來。

　　除了求發財金之外，每年過年期間到紫南宮排隊領金幣錢母也是萬人空巷的盛事，像金兔年（二〇二三年）紫南宮就發起捐血領金銀錢母的活動，發放首日就吸引十萬人到場排隊，蔚為奇觀。

　　紫南宮還有一個相當熱鬧的活動，就是所謂的「吃丁酒」。每年農曆的正月十六日，就是紫南宮請吃丁酒的大日子，幾乎也會是人潮最為洶湧的一天。在過往農業社會，男丁的誕生是一件大事，所以生下男丁的家庭一般都會準備牲禮答謝土地公，並分送鄰居一起享用。

　　紫南宮延續了吃丁酒的習俗，並轉變為與信眾同樂的慶典，讓當天前來參拜的人都可以吃丁酒、分福氣。

　　土地公信仰在台灣人的日常生活中也十分重要，無論去到全台哪一個角落，只要有人聚居，附近就一定會有土地公廟，保佑居民出入平安、事事順利。

▲ 紫南宮莊秋安主委與徐總會長一同恭迎玉清聖殿土地公蒞臨紫南宮參香

2-15

新港奉天宮天上聖母元宵遶境

　　嘉義新港奉天宮是台灣著名的媽祖廟之一，不僅香火鼎盛，與全台各地的宮廟都有密切互動，而且一整年下來更是熱鬧不斷，從正月初一的搶頭香、為期九天的山海遊香迎媽祖、金虎爺的全國路跑，還有大甲媽遶境的折返點等，每一場幾乎都是全國性的大型活動，尤其

山海遊香，也就是俗稱的天上聖母元宵遶境，每年舉辦時都熱鬧滾滾，陣頭、南北管等民俗技藝團精銳盡出，所到之處真的可以說是萬人空巷。

奉天宮的元宵遶境起源於清朝嘉慶年間，當時正值奉天宮籌資興建的階段，附近十八個庄頭的居民都紛紛踴躍參與，為了表達感謝及祝福，於是便有了每隔四年一次媽祖出十八庄徒步遶境的活動。

元宵遶境每次的時程為八天七夜，路線涵蓋山區、海線，以及熱鬧的市區，所以才會稱之為山海遊香；遶境隊伍的活動包含貼香條、號炮、通疏、點戲、媽祖出巡、入廟安座等，陣頭則有大鼓陣、北管、南管、哨角、崑曲，和獅陣等等，幾乎可以說是大半庄頭的人都參與其中了。

除了活動繁多之外，奉天宮本身也有很多可觀之處，像是一進門的三川殿，就有不少出自日據時期名匠吳海桐的整修作品；另外還有全台唯一最為完整的日本天皇受牌基組，上面刻有「今上天皇陛下聖壽萬歲」字樣。這些文化古蹟因為宮廟的存在而得以保存下來，因此也有不少學者認為宮廟不只是信仰中心，更是文化傳承的重要據點。

2-16

霞海城隍廟
文化祭

　　位在大稻埕的霞海城隍廟，是台北非常知名的宮廟之一，尤其是廟內的月下老人，長久以來人氣都非常高，許多還沒有對象的善男信女，會帶著喜糖、六盒裝砂糖、包有鉛錢的紅線包，以及一顆虔誠的心，前來祈求月下老人賜予合適的另一半，直白一點就是希望能夠「脫單」。

　　由於求姻緣的需求龐大，網路上甚至還出現了不少拜月老的流程教學，而這也是年輕人走進宮廟、與神明親近的一個非常好的現象。

　　霞海城隍廟源自於清朝道光年間（一八二一年），廟內的城隍爺神像就是由福建同安的先民帶過來的。從清治到日治，大稻埕一路都是繁華熱鬧的經濟中心，聚居人數越來越多，在地的商人生意也越做越大，連帶使得霞海城隍廟的信眾越來越多。根據史料，日治時期的霞海城隍廟例行大拜拜，甚至有湧入三、四十萬人的紀錄，香火之鼎盛可見一斑。到了近代，「五月十三迎城隍」的城隍爺生辰慶典，依舊是地方上的年度盛事，許多傳統劇團會來接棒演出，全台各地也會有大批信眾前來參與，是宗教文化與藝術表演高度融合的盛大祭典活動，因此台北市政府也將其冠以「台北霞海城隍文化節」名義，讓城隍爺的影響力更加擴大。

　　霞海城隍文化節前後差不多為期一個月，當中包含城隍爺坐龍舟、霞海城隍壽宴，以及祝壽法會等，再加上民間團體的表演、附近商家的配合，可以說整個大稻埕都因這個慶典而活躍起來，非常值得一看。

2-17

台南首廟天壇
初九天公生

　　天壇自古以來就是君王進行祈福、消災等科儀的廟宇殿堂，不允許一般民眾進入參拜，像是位在北京東城區的天壇，就是明清兩朝皇帝祭天的場所。那麼，台灣有沒有像這樣的天壇呢？答案是肯定的，而且就位在台南，那就是俗稱天公廟的「台南首廟天壇」。

　　明清時期鄭氏王朝來台，在一六六一年於現址設立了天壇，供奉玉皇上帝，後來經過三百多年的演變，如今廟內已增至二、三十位神明，除了天公之外，還有三清道祖、三官大帝、五文昌、斗姆元君等，信眾有什麼需求，來到天壇幾乎都可以找到相對應的神明祈求。

　　既然是天公廟，那麼大年初九的天公生肯定會有盛大的祭典儀式，事實上每年的大年初八，台南首廟天壇都會變成不夜城，信眾從晚上十一點一直到隔天的白天，會絡繹不絕前來朝拜慶賀，而且越晚人越多，空前盛況令人嘆為觀止。

　　首廟天壇是「台灣天公三間半」其中之一，另外還有中台灣的沙鹿玉皇殿、北台灣的新竹天公壇，另外半間就是彰化的元清觀。往年首廟天壇在年節期間都會舉行誦經科儀，一方面為玉皇上帝祝壽，一方面祈求國泰民安、風調雨順。從祈安消災法會銜接初九天公生的慶典，讓首廟天壇在過年期間幾乎天天都門庭若市。此外，每一屆的台南市長也都會在初八人潮最多的時候到場參拜，跟民眾一起點香祈福，由此可見首廟天壇在地方信仰中的崇高地位。

2-18

新竹都城隍
遶境賑孤

　　前面提到大稻埕的霞海城隍廟香火鼎盛，其實在新竹也有一座人氣不遑多讓的城隍廟，那就是位在市區熱鬧地帶的「新竹都城隍廟」。創建於乾隆十三年（一七四八年）的都城隍廟，延續廟埕會聚集小吃攤販的慣例，如今演變成遠近馳名的新竹夜市，每年都會有

成千上萬的國內外遊客到訪，享譽盛名的美食更是不勝枚舉，像是鴨香飯、潤餅、貢丸等，都是不容錯過的好味道。

跟霞海城隍廟一樣，新竹都城隍也有生日慶典，不過最盛大的活動還是要屬農曆七月中元節的「遶境賑孤」。中元節當天，都城隍爺會在神將的陪同下從廟埕出發，繞著市區走一大圈，沿途經過的宮廟也會出動神將接駕，彼此相互參禮的儀式非常有意思，過程中許多細節處都蘊含著豐富的宗教傳統文化。

新竹都城隍爺的遶境賑孤是奉玉帝聖旨，也就是有任務性質的出巡，起源據說是在清朝光緒年間，有官員夜觀天象後預測台灣可能會發生災難，光緒皇帝便下旨晉封當時新竹城隍爺的官位，並且親賜「金門保障」的匾額，請升官後的都城隍爺在每年的中元節遶境巡視，保佑地方平安，別有深意的活動就這樣一路保留至今。

有到都城隍廟參拜的信眾，可以留意一下廟門兩旁有一副對聯，寫的是「善由此地心無愧，惡過我門膽自寒」，中間還各有「聰明」、「正直」四字，這是清朝最後一位皇帝溥儀親筆所寫的墨寶，別具歷史意義。

2-19

馬鳴山鎮安宮
五年千歲出巡

　　雲林縣馬鳴山的鎮安宮是五年千歲的開基祖廟，主要供奉十二位千歲爺，全台各處的五年千歲廟，基本上都是從馬鳴山分靈出去開枝散葉的。領旨代天巡狩的千歲爺，每五年都會舉辦一次盛大的醮會，所以才會被稱為是五年千歲。

　　五年千歲的遶境出巡，一般會稱之為大科年，也稱三朝三醮大典，主要的活動有千歲遶境、龍船換班等，當然還有最重要的三朝清醮法會。祭典期間，全台各地的分靈廟也會回來進香，再加上彰化、雲林、嘉義、台南等地的村落也會參與，耗時可達整個月的五年大科，會讓原本靜謐的小鎮變得人聲鼎沸。

　　雖然千歲爺的遶境出巡五年才舉辦一次，但馬鳴山鎮安宮每年都還是會有大小不一的祭典活動，像是農曆正月十五的元宵節，就有傳統的「吃飯擔」，廟方在當天會準備飯擔裝滿油飯，讓前來參拜的信眾可以一起享用，一方面藉此祈求國泰民安，一方面也彰顯人們互助合作、共同分享的精神。

　　無論是五年大科，或是吃飯擔，全都已經成為國家重要的無形文化資產，大家平常參與這些熟悉的祭典活動之餘，也可以多花點時間了解背後的故事，讓這些富有深意的宗教文化能夠繼續傳承下去。

　　馬鳴山鎮安宮旁還有一個景點相當值得一遊，那就是腹地廣大的「五年千歲公園」，園區內設有噴泉水池、彩虹橋、九龍巨船等造景，整個園區就是一個巨大的迷宮，讓遊客在蜿蜒崎嶇的路線中，感受闖關的樂趣。

【第二章】

3-1 南鯤鯓代天府王爺信仰

3-2 三峽祖師爺賽豬公祭典

3-3 嘉義過溝建德宮火燈夜巡

3-4 麻豆代天府〈麻豆香科〉

3-5 祀典武廟中樞祭聖大典〈國家級春秋兩祭〉

3-6 台南新營太子宮進香文化

3-7 松柏嶺受天宮進香

3-8 嘉義觸口龍隱寺進香

3-9 台東玄武堂炸寒單爺

3-10 金門浯島城隍祭

3-11 澎湖武轎

3-12 湄洲媽祖信仰概論

3-13 王爺信仰概論

你應該要知道的道教

民俗慶典 02

3

南鯤鯓代天府
王爺信仰

　　位在台南市北門區的南鯤鯓代天府，供奉的是代天巡狩的李、池、吳、朱、范等五府千歲，占地廣闊、廟宇雄偉，因而成為著名的觀光景點，當然也是台南重要的信仰中心。

　　曾到過代天府參拜遊玩的信眾，一定會發現偌大的園區內除了五府千歲廟之外，還有一座規模較小的萬善堂，裡頭供奉著萬善爺。關於萬善爺的由來，民間有幾個不同的版本，目前最廣為人知的就是現址在建造王爺廟之前，有神靈「囝仔公」出面抗議，雙方神明陣營爭執許久，甚至動起干戈，後來在觀音佛祖、天上聖母、保生大帝等神明出面調解才平息，並同意兩廟並存、共好共榮。

　　建廟超過三百六十年的南鯤鯓代天府，有「台灣王爺總廟」之稱，根據廟方的說法，當初在廟體施建的過程中，福建泉州的知名雕刻師「媽福師」受到五王託夢，因而隻身來台雕刻神像，將明朝末年的一艘三檣大帆船之中取下的神木雕成五王金身，完工開光的時候，神像震動不已，令在場信眾嘖嘖稱奇。清康熙元年（一六六二年），南鯤鯓代天府終於完工，由於是開台首廟，所以也被叫做開山廟，而五府千歲則被尊稱為南鯤鯓王。

　　南鯤鯓代天府最有名的祭典就是農曆四月二十六、二十七日連兩天的王爺祭，屆時各地的王爺廟都會組團來進香，乩身更是全台大會串，活動期間法器紛起，傳統八家將的陣頭也輪番上陣，讓人嘆為觀止。

3-2

三峽祖師爺
賽豬公祭典

　　三峽長福巖祖師廟建於乾隆三十二年（一七六七年），廟內供奉清水祖師，每年正月初六是清水祖師的誕辰，廟方會舉辦盛大的遶境慶祝祭典，其中包含有象徵豐收的「賽豬公」活動，由豬農各別挑選自家的豬公前來參賽，秤量後重量最重的即可拿下神豬頭銜。

　　清水祖師是茹素的神明，為什麼會有賽豬公這樣的祭典活動呢？相傳是因為早年三峽一帶械鬥頻傳，經常有人員在打鬥過程中不幸傷亡，為了撫慰亡靈，廟方便選在正月初六殺豬公當供品，祭拜犧牲的將士們，後來逐年演變才慢慢形成如今的賽豬公習俗。

　　二〇二一年，祖師爺廟的豬公競賽迎來好消息，來自鶯歌的一位信眾養出了一千六百一十四台斤的神豬，以破紀錄的好成績拿下特等獎。到了二〇二二年，由於疫情尚未平息，所以廟方決定停辦一次，也不宰殺豬公分食，這是多年來的習俗首度停辦，雖覺得有些可惜，但為了防疫著想，相信神明一一定能夠理解。

　　三峽清水祖師爺廟就位在人潮絡繹不絕的三峽老街入口，廟體十分雄偉壯觀，走到裡面更會發現許多華美的石雕及木雕作品，呈現出來的歷史故事包含三國演義、西遊記、封神榜、二十四孝等，每一處都讓人嘆為觀止，正殿入口處的三對透雕石柱，更是鎮廟之寶，擁有這麼多珍貴的雕刻作品，無怪乎祖師爺廟能獲得「東方藝術殿堂」的美名。有機會前往參拜的讀者，不妨多留一些時間在廟裡駐足欣賞。

3-3

嘉義過溝建德宮
火燈夜巡

　　嘉義縣布袋鎮的過溝庄有一間建德宮，供奉的主神為李府千歲，每年到了農曆六月的最後三天，廟方都會主辦「火燈夜巡」活動，主要用意為驅趕惡鬼、護佑地區平安。

　　這個地方盛事的知名度雖然沒有那麼大，但卻非常有意義，而且也是道教信仰讓在地居民凝聚起來的最佳範例。

清朝時期，布袋庄與過溝庄雙方曾有過嚴重械鬥，當時有不少庄民不幸喪生，爾後便開始陸續傳出不可思議的靈異事件，此時，建德宮主神李大府千歲下旨以安營、夜巡的方式平定冤魂，千歲爺出巡時，大批居民手拿火把隨後緊跟，壯大聲勢一起遶境，結果就成為火燈夜巡一路傳承至今。

目前，嘉義縣已將夜巡列為縣級文化資產，除了縣長及民意代表會前往共襄盛舉之外，包含像是奉天宮、配天宮等宮廟也會派代表來參加。除此之外，縣府還將手作火燈、耆老說故事、民俗技藝表演等活動融入其中，讓這個另類的宗教儀式更添文化傳承的意義。

夜巡過程中最為神秘的就是神明降乩驅趕邪魔的儀式，由於非常寫實且緊張刺激，因而在網路上引發熱烈討論，王爺信仰也得以藉此廣傳出去。過往我也曾代表中華道教聯合總會前往建德宮參與火燈夜巡活動，只能說在現場的感受真的很不一樣，尤其是跟上千人一起手持火把走在夜晚的街頭，一面驚嘆信仰的力量，一面關注神明的動作，神奇的體驗讓人印象深刻。

3-4

麻豆代天府
〈麻豆香科〉

　　提起麻豆的代天府，相信很多人第一時間聯想到的一定是天堂與地獄，還有那一座碩大的巨龍雕像。的確，結合廟宇及遊樂設施的麻豆代天府，是南臺灣相當著名的親子旅遊景點，尤其是十八層地獄中的種種場景，可以說是台灣版的鬼屋，帶著小朋友一起參觀，非常有寓教於樂的效果。

　　除了令人難忘的設施之外，麻豆代天府每三年舉辦一次的香科祭典也相當聞名。名為「麻豆香」的代天府香科，與學甲慈濟宮的「學甲香」、佳里金唐殿的「蕭壠香」、西港慶安宮的「西港香」、土城鹿耳門聖母廟的「土城香」等，合稱「南瀛五大香科」。

　　香科指的其實就是遶境祭典活動，南瀛五大香科屬於刈香，一般人很容易把刈香跟進香搞混，簡單來說，進香是下屬對長官，或是分靈對本廟的祭典，像台灣有許多宮廟會定期舉辦回到大陸祖廟謁拜的活動，就是屬於進香。

　　而刈香同樣是下屬對長官、分靈對本廟，不同的是過程中注重「求取兵將」，也就是招募更多的天兵天將來庇佑蒼生、鎮壓邪祟。刈香偏向武陣性質，一路上會有許多陣頭參與，因此往往聲勢浩大、規模驚人，隊伍經常綿延數公里，是台灣獨具特色的道教文化之一。

　　麻豆代天府的香科活動中，最吸引民眾目光的莫過於用以驅邪的蜈蚣陣，以及保佑小孩平安長大的十二婆姐陣，其他的地方陣頭族繁不及備載，每次舉辦幾乎都有近兩百個神轎或陣頭隊伍參與，是麻豆地區最盛大的宗教活動之一。

祀典武廟中樞祭聖大典
〈國家級春秋兩祭〉

　　位於台南市中西區的祀典武廟，又稱為是台南大關帝廟，是國姓爺鄭成功之子鄭經於一六六五年所建，迄今已有三百五十多年的歷史。大家可能會好奇，既然祀

典武廟是大關帝廟，那一定會有小關帝廟，沒錯，同樣座落於中西區的開基武廟，就是俗稱的小關帝廟，兩廟之間僅有幾百公尺的距離。

由於祀典武廟具有官方認可的地位，並且在清朝雍正年間奉旨舉辦中樞祭聖大典，並分成春秋兩祭，所以一直以來都備受尊崇，與台南孔子廟地位並列。

所謂的春秋兩祭，指的則是辦在清明及重陽兩個重要節日的祭典，這是傳統中華人民的固有習俗，除了緬懷先人之外，也有將優良的禮儀及觀念傳承給下一代的意義在裡頭。

祭聖大典的儀式皆依循古禮進行，祭典依啟扉、排班、班齊、執事者各執其事進行，主祭者往往由地方首長或代表擔任，過程包含初獻禮、亞獻禮、終獻禮以及分獻禮等流程，全程約一小時，非常莊嚴殊勝。更特別的是典禮中還會有六佾舞的表演，一般會邀請台南轄內的國小學生來擔綱演出，一方面藉此讓道教文化向下深根，一方面也透過最傳統的迎神禮對武聖表達崇高敬意。

原本祀典武廟的春秋兩祭都是照常舉行的，不過春祭後來不知何故中斷，且一斷就是好幾年，後來在二〇二〇年才在內政部的支持下得以恢復。

3-6

台南新營太子宮
進香文化

　　三太子李哪吒在台灣傳統的道教信仰中占有相當重要的地位，前面提到了媽祖、王爺、天公等神明，當然也不能忽略太子爺。全台各地有不少主祀哪吒太子的宮廟，不過源頭大多都可以追溯到台南新營的太子宮。每年農曆九月初九重陽節是中壇元帥哪吒太子的誕辰，由新營太子宮分靈出去的各地宮廟都會回來謁祖朝聖，熱鬧景象堪稱一絕。

新營太子宮除了供奉哪吒太子之外，另也還有金吒、木吒兩位主神。自康熙二十七年（一六八八年）建廟以來，三位太子爺就在新營護佑眾生；一九九二年，太子宮新廟建設完成，聳立於屋頂的三十一公尺太子爺銅像，頓時成為顯眼地標。

作為台灣三太子廟的開基祖廟，新營太子宮的年度盛事首推分靈神明回娘家的進香活動，在過往的紀錄之中，曾經有一天之內累計破千個進香團前來，每一團都會有隨行的陣頭、信眾等，可想而知現場情況會有多的盛大。

根據封神演義所述，三太子李哪吒是陳塘關總兵李靖的第三個兒子，為靈珠子的化身，手持火尖槍及乾坤圈，腳踏風火輪，還有出生時就纏在腰腹上的混天綾，這些都是三太子知名的法器。另外，李靖也是傳統道教的護法神，名為托塔天王。

新營太子廟有一頂太子爺專用的神轎，明末清初時就已經雕刻完成，後來在康熙年間隨著太子爺來到台灣，迄今已有三百多年的歷史，目前收藏在太子廟正殿的龍邊位置，有興趣的讀者可以前往參觀膜拜。

3-7

松柏嶺受天宮
進香

　　位於南投松柏嶺的受天宮，主祀神明是北極玄天上帝，建廟緣起是一六五七年，從福建來台定居的先民，帶著家鄉的玄天上帝香火一起渡海而來，一開始只是一間小祠堂，後來到了一七三七年，北極玄天上帝於誕辰之日親自指名龜蛇穴吉地可建廟，於是信眾們展開募資，共同打造了一間廟宇，如今這座小廟就在受天宮的內殿。

　　受天宮的傳奇靈驗故事，可說是不勝枚舉，而且是從清朝年間就一路傳承下來，讓人不得不感嘆道教信仰的強大凝聚力。更重要的是，全台目前有一萬八千多座宮廟，都是由受天宮分靈出去的，因此受天宮也被視為玄天上帝信仰的進香中心，幾乎每天都可以看到進香團來來去去。

　　已經完成數位化的受天宮，每天的進香狀況都能在官網上查看得到，道教特有的貼香條文化，也可以從中窺探一二。香條其實就是進香的公告，一般會寫在黃紙或紅紙上，揭露進香的時間地點等資訊，負責「探香路」的人會事先沿著進香路線走一遍，並將香條交給沿途計畫造訪的宮廟，以示尊重，此舉就稱之為「貼香條」。

　　像受天宮這樣分靈將近兩萬間宮廟，進香團幾乎天天有的大廟，在台灣相當罕見。更有甚者，廟中還收藏了許多具有歷史意義的文物，包含道光年間（一八四六年）所造的武當英靈石爐、光緒年間（一八九〇年）的「功參造化」匾，以及同樣造於光緒年間的受天宮褒善牌等，有機會到南投遊玩的時候，別忘了前往松柏嶺受天宮參拜造訪，欣賞雄偉的廟宇及文物，說不定還能看到陣頭藝團的現場表演！

3-8

嘉義觸口
龍隱寺進香

　　一九九五年，台灣有一齣極為轟動的長壽連續劇上
映，名為「濟公」，總長共兩百多集，收視率高得嚇人，
捧紅了演活濟公的名演員周明增，同時也讓拍攝地點「龍
隱寺」聲名大噪。

　　位於嘉義縣觸口村的龍隱寺，周遭環境山明水秀、地靈人傑，相傳濟公活佛遊歷到此之後流連忘返，進而以夢中化境指示信眾雕刻金身、準備建廟，在一連串的神蹟顯化過後，信仰活佛的居民逐漸增加，龍隱寺也在一九九〇年正式開工興建。

　　據信眾回憶，早在龍隱寺前殿才剛蓋好的時候，濟公活佛就已經指示後續會有電視台前來拍攝，果然不久後台視就來取景了，隔兩年中視也來開拍「濟公活佛」，兩齣戲劇都在台灣的電視史上占有一席之地，足見濟公在台灣人民心目中的地位有多麼崇高。

　　每年農曆的十月初三，是濟公活佛得道升天的大日子，因此龍隱寺都會舉辦盛大的慶祝祭典儀式，並邀請全台各地的分靈宮廟及信徒一起來共襄盛舉，早些年曾寫下湧入數十萬信眾的驚人紀錄，迄今也都仍保有一定的進香規模，堪稱嘉義的信仰中心之一。

　　龍隱寺的腹地相當廣大，遊客除了來參拜濟公活佛之外，還可以到後方的天長橋及地久橋走走。另外，殿內供奉了五位師父的金身，也是全台唯一。這五位師父分別為大祖誌公佛祖、二祖朗公佛祖、三祖康公佛祖、四祖化公佛祖、五祖寶公佛祖，正殿一進門的地方，還有一尊腳踏神龍的濟公雕像，讀者前往參拜時別忘了仔細留點時間駐足參觀膜拜。

3-9

台東玄武堂
炸寒單爺

　　炮炸寒單爺是元宵節的重要慶典活動之一，原本在日治時期全台各處都有，但後來慢慢隨著歷史文化的演進而消失，目前僅剩台東玄武堂還能見到肉身寒單爺接受炮轟的震撼儀式，因而有了「東寒單、北天燈、南蜂炮」的說法。

　　相傳寒單爺是商朝的著名武將趙公明，得道升天後在天界專司財庫，因而也成為人們熟悉的武財神。至於為什麼會有炸寒單的習俗？主要是因為寒單爺怕冷，因此每當出巡時，信眾就會用投擲鞭炮的方式為寒單爺驅寒，久而久之便形成炮炸寒單爺的傳統。

　　炮炸寒單爺在台東已有超過五十年的歷史，早期寒單爺的金身並沒有專屬的廟宇，主要是由信眾輪流供奉，直到一九八九年的輪值爐主發願建了玄武堂，自此之後寒單爺才有了固定的安奉場所。特別值得一提的是，玄武堂的寒單爺神像，是紅白綠相間的花臉，而且額頭上還有第三隻眼，造型相當特別，前往參拜的讀者不妨仔細觀察一下。

　　基本上站在神轎上扮演寒單爺接受鞭炮洗禮的，均是勇敢的自願者，他們必須赤裸上身，穿著紅色短褲，上陣前還得用棉花塞住耳朵、濕毛巾掩住口鼻，做好相關的安全措施，並手持榕樹枝葉掃擋鞭炮，藉以避免受傷。

　　炮炸寒單爺在二〇〇七年已經正式成為台東縣民俗文化資產，現在不僅丟擲鞭炮的炮手需要經過嚴格的訓練，就連活動中所使用的鞭炮也由玄武堂統一提供，這麼做是為了確保整個過程能夠順利進行，達到聲光效果的同時，也顧及參與民眾的安全。元宵佳節前往台東參加炮炸寒單爺活動的信眾，一定要將護具穿戴好，並且全程遵守主辦方的規定，才能玩得盡興又安全。

▲ 台東玄武堂炮炸寒單爺盛況（取自玄武堂臉書粉絲頁）

3-10

金門浯島
城隍祭

　　位於金門島上的浯島城隍廟，相傳在明朝就已經建成，爾後因為朝代更迭或戰亂所致，曾有過崩毀及重建的過程，現今的廟體是在一九九四年擴建完成的，裡頭收藏了許多歷史文物，包含城隍爺出巡時的輦轎、進香請火時所使用的香擔，還有許多明清時期留下的木構件。

　　每年農曆的四月十二日是浯島城隍廟的遷治慶典，同時也是城隍爺出巡遶境的好日子，為了答謝城隍爺的護佑，遶境活動幾乎可以說是全島總動員，而且近年來還加入了全台各地多達數十尊的城隍爺共襄盛舉，規模更是不可同日而語，因此金門縣政府也在二〇一三年將城隍爺遶境升格為「浯島城隍文化觀光季」的縣級活動，並獲得離島地區第一個「國家重要民俗無形文化資產」的頭銜。

　　在浯島城隍遶境時，可以見到輦轎、藝閣、神將、打花草等金門特有的宗教習俗，其中最吸睛的莫過於「人力蜈蚣座」。二〇一一年，金門以「純人力肩扛蜈蚣座」的挑戰申請金氏世界紀錄，結果成功拿到了認證，當時共有兩百位座上的小朋友、八百六十八位負責肩扛的人員，以及一百七十八位隨行人員，共計一千兩百四十六人參與其中，蜈蚣座全長一百七十六公尺，場面之盛大可想而知。

　　因為靠近閩南的關係，金門的城隍遶境保有許多閩南特色，而後期因為台灣本島的城隍廟也會過去交流，所以浯島城隍文化觀光季可以說是融合了兩岸的宗教文化，特別值得前往參訪、親身感受。

以上照片由金門縣政府提供

3-11

澎湖武轎踩街

武身

文身

　　一般而言，神明的形象可分成文身及武身，比方說大家熟知的關聖帝君，武身就是手持青龍偃月刀昂然而立的威武姿態，文身則是捧著春秋翻閱的溫文儒雅樣貌。同樣地，神明所乘的神轎也有文轎及武轎之分，文轎多為文官或女神乘坐，構造較為密閉，且有轎頂，雕工也細緻許多，還會有許多華麗的點綴；武轎則多為武將出身的神明乘坐，像是王爺或將軍等，構造較為簡單，沒有轎頂，看起來比較偏向太師椅。

　　相較於穩重的文轎來說，武轎的移動性更強、靈活度更高，因此在遶境或夜巡的時候可以做出更多的動作或步法變化，當然也就更容易吸引人們駐足觀賞。若要說全台最具代表性的武轎，絕對非澎湖莫屬。

　　澎湖武轎源自於一九九〇年代，當時，湖西鄉南寮村率先將三太子的神轎加裝燈條點綴，並且在遶街時用音響來炒熱氣氛，活潑熱鬧的氣氛立刻就受到矚目；後來烏崁的靖海宮將武轎改裝為具備燈光、噴火、電音等特效的電子武轎，就此掀起風潮，其他宮廟也紛紛加入，如今更成為澎湖觀光的一大亮點。

　　目前澎湖有成立武轎會的宮廟相當多，包含像是赤崁龍德宮、鎖港北極殿、後寮威靈宮、鐵線清水宮、山水上帝廟、湖東聖帝廟、南甲海靈殿、嵵裡水仙宮等等，各宮

廟也聯合籌組了澎湖武轎總會，負責協調及規劃武轎遶街相關事宜。

　　這幾年澎湖的武轎有越來越豪華的傾向，除了噴火及五彩燈條之外，有些還加裝了乾冰、泡泡等裝置，扛轎的志工也可以見到許多年輕的身影，表示傳統信仰藉由不同方式的呈現取得了年輕族群的認同與支持，促成新舊世代的融合相信正是澎湖武轎存在的價值與意義。

以上照片來自澎湖縣政府及武轎總會粉絲頁

3-12

湄洲媽祖
信仰概論

　　媽祖可說是台灣最受歡迎且最多人信奉的女神，光是媽祖廟全台加一加就起碼有三千多座以上，當中更不乏香火鼎盛、揚名國際的大型宮廟，包含像是大甲鎮瀾宮、北港朝天宮、台北關渡宮、鹿港天后宮、新港奉天宮、松山慈祐宮、白沙屯拱天宮、大莊浩天宮、麥寮拱範宮、澎湖天后宮等等，而這些為數眾多的媽祖廟之中，有很高的比例是從湄洲的媽祖祖廟分靈而來，因此也有了「天下媽祖，祖在湄洲」的說法。

位於福建湄洲的天后宮，一般稱之為湄洲媽祖廟，相傳是在北宋時期（九八七年）所建，祀奉的主神正是媽祖林默。

出生於福建莆田的林默，從小就天賦異稟、聰慧過人，據說五歲就能持誦佛經普門品，對道教經典也有深入研究，後來在十三歲時受玄通真人教示，學會了玄微密法，法力越修越高，到了二十八歲就仙遊上界、飛天升化，成為如今舉世聞名的媽祖娘娘。

台灣的媽祖信仰源起

歷史上有描述到林默生平的典籍相當多，從南宋、明朝，一直到清朝都有，這些歷史典籍所記載的內容也大同小異，像是出生在莆田、在海上的船隻遇難時現身拯救、神通廣大且慈悲為懷等等。經

▲ 湄洲島當地婦女特有的媽祖頭造型

過如此長時間的傳承，媽祖信仰逐漸在人們心中成形，尤其是福建沿海一帶的漁民，對於媽祖更是篤信不疑，整個福建省的媽祖廟數量多不可數，而且還往其他各地延伸，就連內陸的山西、四川，甚至是東南亞各國、澳門、日本、韓國、美國、加拿大等，也都受到媽祖信仰的影響，當然台灣也不例外。

▲ 湄洲媽祖祖廟林金讚董事長

　　根據史料記載，媽祖信仰是在明末清初的時候跟著明鄭政權來到台灣的，當時有許多大陸東南沿海的先民遷居到台灣，因為俗稱黑水溝的台灣海峽風浪難測，老是造成大大小小的船難，因此先民就將媽祖神像帶著一起上船，希望媽祖大能保佑眾人平安渡海，於是媽祖的分靈就這樣來到了台灣。事實上，包含像是開台媽、溫陵媽、銀同媽等，也都是從湄洲媽祖祖廟分靈出來的。

　　在第一章的內容中曾提到媽祖林默的一些生平，在此就不多贅述，接下來想深入帶讀者們一起認識一下最具傳奇色彩的湄洲媽祖祖廟。

天下媽祖，祖在湄洲

　　湄洲媽祖祖廟原始的廟名是神女祠，位在福建莆田的湄洲島上，從北宋時期開始，媽祖信仰就逐步擴大，因此原本的小廟也在改朝換代的過程中一再重建或擴建，中間曾經出現過鐘鼓樓、山門、太子殿、觀音殿、升天樓、五福殿、聖父母殿、中軍殿等建築，可想而知當時的腹地有多麼廣大，建築群有多麼雄偉壯觀。後來到了一九八〇年代，媽祖祖廟進行了大規模的修建，台灣信眾得知之後也紛紛自掏腰包給予支持，經過統計之後，來自台灣信眾的捐資是最多的。

　　一九九二年，湄洲島成為國家級旅遊度假勝地，而媽祖祖廟所舉辦的媽祖祭典也日益受到重視，隨著影響力的擴大，媽祖祖廟也順勢發起了「天下媽祖回娘家」的活動，連年邀請從祖廟分靈出去的媽祖回到湄洲島相聚，而這也

成為兩岸交流的最佳平台，在新冠疫情爆發前，每年都有大批台灣信眾前往湄洲媽祖祖廟朝聖，可以說媽祖信仰文化已經是兩岸交流重要的橋樑及精神寄託。

　　現今的媽祖祖廟裡頭，收藏了非常大量的文物，當中就有鹿港天后宮在乾隆末年（一七八七年）前往進香所留下的文物，另外像是雍正親筆所提的「神昭海表」匾額，也還高掛於正殿上，這個匾額的來歷可是不簡單，雍正帝下令僅製作三面，分別賜予廈門、湄洲，以及台灣的天后宮。

　　台灣的「神昭海表」匾原本掛在台南大天后宮，可惜後來已經佚失。不過，現在到北港朝天宮參拜還可以看到正殿懸掛著這塊匾，其實這是福建的官員奏請依樣摹刻懸掛，獲得應允之後才又復刻的版本。

　　有關湄洲媽祖祖廟的奇聞軼事還非常多，紀錄在正統史料上的故事更是精彩無比，有興趣的讀者真的可以親自走一趟湄洲島，看看媽祖生長的地方，同時也朝拜一下天下媽祖的祖廟。

3-13

王爺
信仰概論

　　台灣傳統的道教信仰中，王爺系統可以算得上是最為龐大且複雜的體系，在前面所介紹的三十多間宮廟之中，王爺體系就占了不少，其中最為常見的應該算是瘟神系統，也就是在瘟疫肆虐的時候，會出來鎮壓驅邪、庇佑眾生，包含像是李、池、吳、朱、范的五府千歲，或是東港東隆宮的溫府千歲等。

　　瘟神系統的王爺大多都是古代的大善人，因為不忍見到世人受瘟疫之苦，所以挺身相救，後人感念其恩德，所以奉為神明，給予最大的尊崇與信仰。

　　除了瘟神系統之外，王爺還有英靈系統、家神系統、國姓爺系統、山神系統、戲神系統等，種類可說是非常多，另外也有學者會以官方與民間來做區分，例如像岳武穆王、文武尊王、廣澤尊王、開漳聖王等神明，就是有受到官方封號的王爺；而各府千歲、五年千歲等，也同樣會被稱為王爺，只是由民間奉祀，少了官方認可而已。

　　王爺信仰體系龐大，要深入說明恐怕篇幅會拉得很

長，但由於多數人對於王爺信仰幾乎都是一知半解，甚至還有些以訛傳訛、沒有根據的說法，所以我還是希望能藉由這本書稍微提一下概略重點，讓大家對王爺能有多一層的認識，進而在點香祭拜的時候多一分親切感。

瘟神系統是台灣王爺信仰的主流

根據民間學者的調查統計，全台王爺廟的比例大約是占五分之一，與媽祖信仰難分軒輊，可見王爺信仰的影響力已經深入民間各處。然而在此之中，為什麼瘟神系統的王爺會特別突出呢？原因很簡單，就是因為古代對於急性的傳染病所知不多，一旦流行起來，就會視其為毒蛇猛獸，若有人因此喪生，更容易引導到鬼神之說的超自然力量。

也就因為這樣，所以每當瘟疫盛行時，人們都會特別想要得到神明的保佑，更期待英明威武的王爺能夠出面鎮壓鬼祟邪魔，讓瘟疫早日消散。事實上到了現代，這樣的思維仍舊影響著我們，新冠疫情肆虐的三年之間，有多少宮廟跳出來舉行法會、多少神明藉著出巡掃蕩瘟疫惡鬼，凡此種種雖為宗教儀式，但卻帶給人們希望、讓焦慮不安的人心能夠穩定下來，由此可知，在交流不易、缺乏資訊的年代，對於能夠消災解厄的王爺肯定會有更高的期待、更深的信賴。

另外，瘟神系統的王爺廟中，大多會有代天巡狩的匾額，象徵王爺是玉皇上帝的代理人，在人間顯化神蹟。

英靈系統最具歷史帶入感

　　王爺信仰中僅次於瘟神體系的就是英靈系統，顧名思義，英靈指的就是生前有戰功、對國家社會有卓越貢獻，或是對百姓有恩德的偉人，像這樣的例子相當多，比方說前面也有提及的青山靈安尊王，就是三國時代孫吳陣營的名將張悃；蕭府千歲是西漢宰相蕭何；謝府千歲是東晉年間的名將謝安；薛府千歲是唐朝名將薛平貴；張府千歲則是元朝末年的義勇軍領袖張士誠。

　　列入英靈系統的王爺真的族繁不及備載，包含項羽、包青天、周瑜、方孝孺等，也都是隸屬於英靈系統的王爺。

對台灣影響深遠的國姓爺系統

　　提起國姓爺，大家一定立刻就能聯想到鄭成功，對台灣人來說，鄭成功及其子孫鄭經、鄭克臧等，是早年建設台灣的重要人物，因而衍生出國姓爺系統的王爺信仰也不足為奇。不過，在王爺廟之中，並沒有鄭王爺或鄭千歲，其背後的原因也是充滿歷史典故。

　　首先，奉祀鄭成功的王爺廟稱之為「池府千歲」，主要是因為泉州腔的鄭跟池字發音相近；而奉祀鄭經的王爺廟是「朱府千歲」，因為明朝皇帝賜姓朱，這也是鄭成功被稱為國姓爺的由來；最後，在登基前就慘遭殺害的鄭經之子鄭克臧，則是「李府千歲」，原因是鄉野傳言鄭克臧為李姓人家的養子。

　　國姓爺系統會有如此戲劇化的演變，可能也跟當時明末清初的大環境時局有關，清朝為了剿滅鄭氏王朝，可說是費了不少功夫，終於降伏之後當然不希望百姓仍惦記著鄭氏一家人，所以做出了許多打壓的舉動。有學者認為，明鄭的遺民為了掩人耳目，所以特意修改了鄭家的姓氏，此後才會促成池姓、朱姓、李姓等千歲王爺的誕生。

　　綜上所述，大家應該可以發現到王爺信仰其實跟人們的生活非常相近，可以說無論發生大小事，王爺千歲都會在我們的身邊，所以王爺廟的數量會如此多、涵蓋區域會如此廣，真的不是沒有原因的。

　　如果你想深入了解自己平時祭拜的王爺千歲有什麼由來典故，事實上可以在上完香之後稍微駐足，瀏覽一下廟內的介紹，基本上多數的宮廟都會將建廟的歷史、主祀及陪祀的神明，還有相關的歷史故事等資訊揭露出來，花點時間瀏覽一下，不僅能對王爺千歲有進一步的認識，更能加深信仰的堅定能量，進而成為傳承道教文化的一份子。

【第四章

本著「千錘百鍊不偏椅，方得正法傳世間」的理念，中華道教聯合總會在過去幾年寫下了豐富多彩的歷史，包含連續舉辦兩屆「道文化高峰論壇」，以及多次兩岸道文化書畫展及研討會，還有更重要的是推動「台灣千家宮廟共同宣言倡議書」，期許能串聯更多道教能量，讓弘道之路能越走越寬、越走越遠。

弘道 之路

4-1

那一年令人難忘
的登革熱疫情

　　中華道教聯合總會在成立之初，就獲得了許多道友及各界善心貴人的協助支持，讓我們在弘道之路剛起步就有了很好的開始，就像在第二章提到的，總會是在二〇一五年六月二十二日正式成立，當年其實有一件大事，那就是南台灣「登革熱」肆虐，重創了民生經濟與觀光旅遊，尤其是台南，光確診病例就超過兩萬人，全台死亡病例兩百一十八人之中，台南更是占了一大半，有一百一十二人。

　　當年為什麼會出現這麼嚴重的登革熱疫情呢？專家研究後表示應與二〇一五年上半年的旱災有關，由於降雨大幅降低的關係，全台各地都陷入水情告急的狀態，石門水庫的水位僅剩百分之二十，而從新北、桃園，一路到中部的台中、彰化，乃至於南部的台南、高雄，全都採取了限水措施，可想而知當時的旱災有多麼嚴重。

登革熱消災祈安遶境

中華道教聯合總會與台南各大廟，26日起一連三天將舉辦台灣登革熱消災祈安遶境活動。（記者劉婉君攝）

2015/09/24 11:50

〔記者劉婉君／台南報導〕登革熱疫情嚴峻，中華道教聯合總會將於26日至28日一連3天，在疫情最嚴重的台南市舉辦「奉玉旨台灣天狗熱瘟瘟消災代天巡狩祈安遶境」活動，並號召全國各宮廟於26日上午8時8分，一同於各自的廟埕鳴炮響應，藉由宗教信仰的力量，陪伴台灣民眾共度難關。

疫情煞不住車，導致人心惶惶

　　旱災一起，民眾缺水缺怕了，家家戶戶都習慣用各種容器儲水，即使後來降雨恢復正常，民生用水的緊張也獲得舒緩，但還是有很多積水或儲水容器散布在台南各地。到了二○一五年的五月下旬，登革熱疫情開始急轉直上，經查市內竟有兩百六十六處積水容器呈現陽性反應，一周後更暴增至五百多處，光安南的一處傳統市場，就有五十六個陽性的容器。

　　五月底，台南市北區六甲里出現多位登革熱患者，到了七月，全台南各地同時出現新的病例，再加上颱風過境、連日大雨，讓積水的情況更加常見，導致蚊蟲容易滋生。

　　這時，恐慌的情緒也開始蔓延了，台南市政府緊急成立了疫情指揮中心，防疫人員深入地方進行消毒及清理，無奈疫情已經煞不住車，七月底台南累計病例破百，八月初更出現了首位死亡病例。

　　一時之間不僅台南市民人心惶惶，就連外縣市的遊客也不再前往台南觀光消費，內憂外患夾擊之下，讓台南市政府受到嚴峻挑戰。

連續九天舉辦禮斗法會

　　在經歷了影響更為廣大、幾乎蔓延全世界的新冠疫情之後，回頭再看二○一五年的登革熱，可能會覺得沒那麼嚴重，但這在當時卻是舉國關注的大事，有些地方耆老也

開始提出舉辦法會祈福的建議，認為應該要透過宗教的力量來穩定人心，進而達到更好的防疫效果。

　　不過，此等大事非同小可，地方上討論的聲音很多，然而實際上到底該怎麼做、該做些什麼，還有點莫衷一是。這時我心想，祈福法會的舉辦刻不容緩，因為這是對防疫的進展會有正面幫助的事情，於是有本會副總會長于美人提議由總會發起祈安遶境法會的想法，經過一番溝通討論，最後在彰化市元清觀請示玉皇大帝得到九聖筊的肯定，台南市各道教宮廟甚至佛教寺廟也紛紛表達支持及讚許之意。

　　於是，從十月十三日開始，連同我在內的一百零八位道士、中華道教聯合總會上上下下所有夥伴，以及所有同樣關注登隔熱疫情的各界道友們，一起齊聚在台南麻豆代天府，舉行九天的祈福遶境活動，為登革熱疫情祈福。

　　登革熱祈福遶境活動的路線涵蓋整個台南市，包含新營、鹽水、白河、柳營等三十七個行政區域，比較特別的

是，當時所準備的大型平安斗之中，就有一個斗燈是賴清德市長所供奉，上頭就清楚註明了「消弭登革熱」字樣。

法會連續辦了九天，我除了跟于美人副總會長及主辦單位各主委執事人員，一起徒步遶境之外，還身兼主法大法師，帶領各道長在現場主法，恭誦除瘟經、步罡踏斗、以劍敕點淨水，分四門淨壇破穢。

道教的科儀看似規律，但其實需要極大的體力支撐，懂得箇中辛苦的大德們，都紛紛表示佩服，覺得我跟于副總會長等人能堅持走九天非常不容易，從他們的眼神之中，我的確感受到發自內心的敬意，對此，我深深感謝，畢竟能夠站上麻豆代天府主禮，是非常不容易的事情，這樣的機緣肯定是累世修來的。

連續九天的台南麻豆代天府除疫攘瘟法會結束之後，登革熱疫情果然很快就獲得逆轉，新增得病者人數逐步降低，南台灣也慢慢回復到過往的熱鬧繁華景象，當時掌政的賴清德市長更在祈福活動之後推出了「振興經濟十大方案」，讓原本受到重創的觀光業、小吃業能夠再次興盛起來。

此次因緣聚會下與大台南市各宮廟結下深刻良緣之後，中華道教聯合總會就經常有負責辦理國台灣島內重要道教活動的機會，比方說二〇一六年二月的「祭天大典」，也是由我率團隊，連同我在內共有三十六位道長共同主法，協助台灣首廟天壇進行隆重莊嚴的道教科儀。活動中也上疏文祈求天佑台灣、國泰民安，並為當年二月六日強震下不幸罹難的台南市民祈福。

▲ 中華道教聯合總會創會總會長徐文僅是江西龍虎山正一派授籙的道長，道教
官職為「上清五雷經籙輔道祐國妙濟上卿」

弘道揚善是
一輩子的志業

　　中華道教聯合總會在成立初就受到各界矚目，尤其是為登革熱疫情祈福的禮斗法會舉辦過後，各地宮廟更將總會視為重要夥伴，每每有重要慶典或法會時，均會發函相邀，而總會所策畫的各項弘道活動，台灣各宮廟執事人員高道大德們也都熱情共襄盛舉、給予支持。對我來說，這是一件非常幸運的事情，同時也感到責任重大。

擔負起中流砥柱的重責

　　我在與幾位初始成員一起創辦總會時，深刻感受到「弘道揚善」是一輩子的事，我發自內心將其視為終生志業，期待在我的默默付出之下，擁有上千年歷史淵遠流長的道教文化及民間信仰，能夠長長久久地傳承下去，更重要的是，希望透過總會的推廣，能在這浮生亂世之中，成為人們的燈塔，讓更多人可以一起來齊心修道、提升生命的層級。

　　經過這幾年的磨練與挑戰，我的弘道之路不僅走得更加堅定，同時也深刻感受到世人對於修道積德的渴望。在我眼中，不論是年邁的長輩，或剛出社會的年輕人，在接受了道教文化的感召之後，都產生了非常正面的改變，在此特別整理出 6 大修道之人的特質：

一．　侮辱不以為恥：
弘道之人聽到侮辱的話語、受到侮辱的逆緣，能夠做到完全不以為意，也不以為恥。因為修道之人行得正、坐得端，所有言行舉止都對得起自己的良心，所以對於外界的侮辱、批評或毀謗，就不會有太大的情緒反應。

二、卑屈不以為賤：
修道的人若遇到別人瞧不起他，或將他視為較卑賤的人，心情上並不會受到影響，因為習道之後就會明白，每個人都有各自的價值、各自的天命，無須比較，也無須他人得了解或重視。

三、艱難不以為苦：
人生路上遭逢挫折在所難免，一般人可能至少都會陰鬱個幾天，但修道之人懂得調節身心，遇到挫折、艱難、困苦都還是能如飲甘露，不但不以為苦，反而會更加努力突破自我，把苦化為甜。

四、迫害不以為意：
除了自身的挫折之外，來自於他人的傷害、逼迫等，也是

人生路上重要的歷練。對此，修道之人往往可以很快釋懷，不會記恨在心裡，更重要的是，學習過道法之後，會讓自己化身為一顆充滿彈性的球，被打壓得越嚴重，將來就會彈得越高、跑得越遠。

五、利眾不以為煩：

做為一個宏道者，生命的價值是來自於能「饒益有情」，因此會發自內心樂於服務大眾，日常就會習慣從事有益於大眾的事，同時也甘願為眾生做馬牛，歡喜為眾生辛苦，一點也不嫌麻煩。

六、恩寵不以為榮：

假如有什麼光榮，有什麼獎賞，有什麼榮譽給修道之人，我們都能保持平常心，不會感到驕傲，更不會到處宣揚，因為這世間的榮華富貴都是浮雲，修道之人能夠看得開放得下，這就是有道者和一般人心態上的不同。

串聯道教能量

中華道教聯合總會在經過多年的努力之後，儼然已是國內甚至是全亞洲相當重要的一個道教文化交流平台，目前台灣已有上千間的宮、觀、廟、府、殿、壇入會，道友可說是遍布全台，就連中國大陸或東南亞各地，也都有友好的信眾在支持著我們。

特別是在二〇一七年，國家宗教事務局蔣堅永副局長蒞臨總會訪問後，兩岸道教的交流往來便開啟了新的篇

章，同時總會也成為一個備受兩岸信賴的交流平台，對此，總會全體上下完全不敢懈怠，志工們每天可說都是在公忙之餘推廣及弘揚道教文化方面相當盡心盡力。

對於所有相信道教民間信仰及追隨總會、共同以「隨緣自主、貴生無量、萬物和諧、崇德教化、修身濟世、平等博愛」的修道精神持續努力的會內道友夥伴們，我發自內心由衷感謝，尤其是前首席副總會長兼發言人于美人，多年來幫助我完成各項道務推動，還經常走動於各宗教活動，宣導道教文化精髓，她的行動力與影響力，是我最為佩服也最為感動的。

▲ 前副總會長于美人

▲ 副總會長蔡金財

▲ 副總會長王雙秀

　　另外，蔡金財副總會長也是我的左膀右臂，以他在宮廟界的好人緣協助總會完成許多不可能的任務；副總會長兼秘書長王雙秀則為了會務跑遍兩岸四地及亞洲各地，出席各項活動，代表對外宣揚台灣道教信仰，成果斐然。

　　當然，在中華道教聯合總會全力弘道的過程中，顧問團及功德會也是功不可沒的大功臣，特別藉此機會感謝顧問團王瑞華總團長的付出，各項活動的辦理及經費的籌措都有勞顧問團費心；感謝功德會李能緣會長、陳健民副會長、曹玉玲副會長等人的協助，讓玉清聖殿的建廟計畫進行得相當順利；同時也感謝李清雲總幹事、陳偉民主任委員、黃明國副主任委員、林鳳雪委員、蔡色芬總務組長等所有幹部的全力相挺，讓總會能在今時今日開花結果，日後我們會以苗栗的玉清聖殿為基地，戮力讓道教文化立足台灣、傳遍全世界！

▲ 副總會長邱世元

▲ 顧問團總團長王瑞華

中華道教聯合總會人才濟濟，大家一起同心協力完成許多弘道的任務，期待
今後會有更多各界志同道合的人士來加入，一起弘揚道法、團結道心，讓道
教信仰的影響力更加擴大。

4-3

中華道教聯合
總會大事記

　　在二○二○年疫情席捲全世界之後，人們的生活就起了莫大的改變，各國都紛紛封鎖了國境，用口罩、酒精、疫苗等物品努力對抗新冠病毒，台灣也不例外，歷經了二○二一年及二○二二年兩波大型群聚感染的衝擊之後，社會人心變得惶惶無措，各行各業陷入停擺，失去工作或對未來感到茫然的人更是不計其數。

　　為了安定人心、祈求疫情早日消散，中華道教聯合總會接連舉辦了幾次線上的大型祈福法會，透過網路直播的方式將這份力量傳達給更多人。總會的堅持付出得到了各界的讚賞與支持，總統、副總統，以及全台各地的長官，都紛紛以賀電表達敬意與謝意。

　　很高興在台灣人民全體的努力之下，我們守住了美好生活，並在二〇二二年的下半年逐漸回到正軌，國門也重新開啟，回到世界的懷抱。這場抗疫的漫長過程真的很不容易，很榮幸也很慶幸中華道教聯合總會能在黑暗的時刻帶給人們溫暖的信仰能量。

　　這幾年來各式各樣的活動真的太多太多了，美好的記憶都還深深刻畫在心底。我相信所有的努力都不會是白費，所有走過的路也不會徒勞無功，經驗的累積會是未來的成功基石，而點滴努力也將化為美好的弘道成果。

　　在此將近年來的重要活動以條列的方式記錄下來，有些活動是會固定舉辦的，所以有興趣想一起參與的道友可以多加留意，後續的章節我也會分享一些令我印象深刻的活動，讓讀者們能更加了解中華道教聯合總會的理念與目標。

中華道教聯合總會大事記

2015

6 月 22 日成立
舉辦「奉玉旨台灣天狗熱穰瘟消災代天巡狩祈安遶境」
（大台南地區）
辦理江西龍虎山天師府千人受籙活動（中國江西）
辦理首屆兩岸道文化論壇（國父紀念館）
舉辦中樞祭天活動（台南首府天壇）

2016

出席馬來西亞國家道教節活動
成立全國中壇元帥寺廟聯誼會（台南新營太子宮）
出訪中國道教協會
成立道教總部道緣山莊（新北八里）
舉辦道緣畫圖比賽
辦理第一屆海峽兩岸道教高峰論壇（國父紀念館）
出席中國吉林道教文化藝術周
辦理祭天祈福活動（國父紀念館）
舉辦兩岸書畫展（國父紀念館）
出席泰國道教節活動
擔任新營太子宮丙申年羅天大醮副主任委員
出席中國雲南道教節活動
出席海峽兩岸道教界新春聯誼活動（中國福建）

2017

舉辦 106 年道教界新春團辦活動（立法院）
中國國家宗教局副局長蔣堅永閣下拜訪道教總部道緣山莊
中國道教協會會長李光富閣下拜訪道教總部道緣山莊
辦理道文化雕刻展（台北圓山飯店）
出席中國上海道教會活動
總會長贈匾德澤萬芳（中國雲南龍泉觀）
出席窩陽天靜宮道祖聖誕活動（中國安徽）
出席第四屆國際道教論壇（中國湖北）
擇福地購地擬建道教總部（苗栗通宵）
舉辦海峽兩岸閩台道文化參訪活動
舉辦傳承信仰守護香火公聽會（立法院）
正式成立中華道教聯合總會道學院（孫立人將軍官邸）
辦理兩岸道文化書畫聯展（台北圓山飯店）
出席海峽兩岸道文化與台商精神學術研討會（中國上海昆山）
道教總部玉清聖殿臨時正殿完成入火安座正式啟用
出席南岳衡山道院黃至安方丈升座大典（中國湖南）

2018

出席 2018 兩岸道教界新春團拜聯誼活動（台北指南宮）
於道教總部玉清聖殿接見中國道教協會秘書長張鳳林閣下
出席高雄雲天宮動土典禮
舉辦兩場太子路跑活動（桃園、台南）
邀請湖南道教會武術團來台表演
出席戊戌年道組聖誕拜祖大典（中國安徽）
於道教總部玉清聖殿接見貴州省道教協會會長閣下
出席海峽論壇主場活動（中國廈門）
成立老子學堂經典教育示範據點（南投桐林國小）
辦理兩岸宮廟續緣會（高雄）
辦理兩岸聯合祭天祈福活動（台南麻豆海浦池王府）
恭迎湖北武當山六百年玄天上帝聖駕駐駕總部
出席第十屆海峽兩岸道文化論壇（中國江西）
出席第六屆夢文化節（中國福建）

2019

出席 2019 兩岸道教界新春團拜聯誼活動（中國江西）
舉辦道教界新春聯誼活動（台北）
拜訪立法院院長蘇嘉全院長閣下
獲總統召見並於總統府發表演講
出席馬來西亞道教節活動
舉辦道教徒皈依傳度大典

2020

主辦弘揚正道 - 淨化心靈座談會（台北市長官邸）
主辦兩岸宮廟聯誼活動
舉辦弘道利生研討會
弘道揚善 - 傳道（新書發表會）
舉辦兩岸書畫展
舉辦道文化音樂大型活動

2021

主辦全國護國禳災祈安公益法會
主辦台灣道場科儀人員基礎訓練課程
中華道教聯合總會青年團正式成立
主辦大甲媽祖國際外交參訪團活動
首度推出獻給媽祖的主題曲「I Promise」
主辦全國宮廟線上拜拜活動

2022

主辦全國道教宮廟攝影大賽
舉辦全國護國祈安大法會
舉辦兩岸宮廟敘緣會
舉辦兩岸護國祈安大法會
提出了「台灣千家宮廟共同宣言倡議書」

馬不停蹄為弘揚
道文化而努力

　　二〇一五年，中華道教聯合總會在台北松山慈惠堂舉行成立大會暨授證典禮，包含榮譽總會長王金平院長在內，共有上千名的嘉賓及宮廟代表與會參加，盛況空前。

　　當時王金平院長就在致詞中強調道教是中華文化相當重要的內涵，但由於台灣的宮廟有上萬間，很多人都戲稱宮廟比便利商店還要多，這的確也是事實，因此，如何團結這股力量，讓道教不僅能在台灣深根茁壯，還要邁向國際、擴大影響力，重責大任就落在中華道教聯合總會的擔頭上。

　　除了王院長之外，蔡英文總統也同樣撥空到場祝賀，並表示：「道教講求周全、圓融整體的思考，是台灣社會目前所欠缺的。」總會則回贈御印御筆、活魚拓圖，以及平安符，象徵趨小人、招貴人。

推廣道文化的點點足跡

　　總會成立之後，我便啟動了一連串的宣道活動，足跡遍布國內外，包含江西龍虎山天師府千人授籙活動、天狗熱瘟疫消災祈安遶境、兩岸道文化藝術交流論壇等，另外也前往大陸的吉林、福建、雲南等地，參加不同主題的道教活動，同時幾度拜訪大陸的國家宗教局，深入取經與學習。

　　二〇一六年二月開春，台南首廟天壇舉辦祭天祈福活動，在玉皇上帝聖誕（農曆正月初九）這一天，向玉皇上帝上疏祝壽，並以中樞祭天大典祈祝台灣四時無災、八節有慶。當時現場冠蓋雲集，包含時任台南市長的賴清德、立法院長蘇嘉全、親民黨主席宋楚瑜、立委陳秀霞、黃昭順、王定宇、陳亭妃、林俊憲、黃偉哲、葉宜津、議長李全教，以及彰化縣長卓伯源、立委許舒博等人，全都齊聚首廟天壇擔任獻祭官。

　　祭天大典由我帶著總會的執事，以及二十三位道長，共同完成隆重莊嚴的道教科儀，整個過程非常順利，點亮台灣的儀式也讓現場所有參與者感受到充滿力量的暖流。不過讓我印象最為深刻、感觸最深的，是為台南維冠大樓倒塌的受難者們祈福。

　　二〇一六年二月六日凌晨四點，台灣發生芮氏規模六・六的強震，導致位在永康區的維冠大樓應聲倒塌，總計造成一百一十五人不幸罹難，是台灣史上最嚴重的單一建築物倒塌災難事件。

　　世事無常，沒有人能知道先來的會是明天，還是意外。也正因為如此，所以世人才更需要宗教的力量來穩住身心靈。

兩岸宮廟敘緣交流的經典回顧

　　在幾次的兩岸道文化交流經驗之中，最讓我印象深刻的莫過於發生在二〇一八年的「第十屆海峽論壇・兩岸宮廟敘緣交流會」，當時除了台灣有三百多間宮廟共襄盛舉之外，大陸方面也有中國道教協會副會長謝榮增道長，率領二十多間宮廟代表前來交流，而第一站一行人抵達的

就是人情味最濃厚的高雄。

　　二〇一八年六月三十日，我們在高雄會場進行開幕儀式以及敍緣活動，另外在七月一日則於台南麻豆池王府舉行祭天儀式，由總會的法師團主持，祈求「台疆福地、天災永息、瘟疫免除、經濟繁榮、百業復甦」。祭天大典結束後，舉行了五千餘人參與的餐敍聯誼，冀望以此感召神明，與神明對話，祈求神明悲憫。

　　開幕致詞時，我主張台灣的神明是來自大陸，兩岸本就是同根同源、血濃於水，應該要有更多的交流互動，一起傳承及發展道教及宮廟文化。福建省道教協會副會長吳建清代表謝榮增會長上台致詞時，也呼應我的想法，期許交流聯誼活動能一直延續下去。

　　這場兩岸宮廟敍緣聯誼活動是「第十屆海峽論壇」的重要活動環節之一，也是在台灣的分支活動，其餘交流活動多在福建省內舉行。台灣團從南到北參訪了非常多宮廟，包含首廟天壇、新營太子宮、麻豆代天府、四湖參天宮、新港奉天宮、松山慈惠堂，當然也到了總會所在的玉清聖殿。

　　整體來說，我認為這是兩岸宗教類型的交流活動中最為成功的一場，時任國民黨副主席兼秘書長的曾永權大德也說：「兩岸宗教文化交流能夠促進和平，非常有意義，應該要持續推動進行。」由此可以看出，加大宮廟的文化

交流、促進兩岸之間的神緣關係，是兩岸民眾的共同訴求和願望。

　　通過傳統形式的祭天大典，讓大陸的道教代表發現到台灣的民間祭典儀式所具有的深厚道教文化內涵。更重要的是，道教齋醮科儀的許多儀式，已廣泛被民間祭典儀式所吸納和借鑒。不過當然，正統的道教科儀還是必須要好好保存及傳承下來，所以我才會積極透過總會的影響力，促成「道場科儀人員基礎訓練」課程，以及取得勞動力發展署 i-CAP 職能認證。

　　我們可以說，道教思想的宗旨在台灣民間祭典過程中得到了很好的貫徹，為了保證信眾的身心健康，道教通過咒語和符籙召喚神明，驅除生存環境中的「邪氣」，這種

延壽和保生的理念，不僅在民間蓄存，而且早已發揚光大，成為台灣民間祭典的靈魂。

二〇二二年兩岸民間宮廟敘緣交流會在廈門

自二〇二〇年疫情開始延燒之後，全世界的許多活動可以說都暫時停頓了下來，就連兩岸民間宮廟的交流也不例外，所幸二〇二一年疫苗施打加速普及，二〇二二年才有機會慢慢看見疫情消散的曙光，並且也終於迎來了「第十四屆海峽論壇‧兩岸民間宮廟敘緣交流會」的舉辦。雖然作為台灣代表的我們，還沒有辦法親自過去與大陸的道教代表互動，不過還是透過視訊直播的方式聯合舉辦，雙方的盛大場面令人動容。

二〇二二年七月十三日，宮廟敘緣交流會兵分兩路在廈門及台南分別揭開序幕，兩岸共計有兩百零一家民間宮廟、兩百一十七名代表參加活動，並共同以「緣起一脈福澤兩岸」為主題，透過「圓夢祛疫祈福法會」來祝福疫情陰霾早日消散，地球人類重回健康光采。同時我們還舉辦了神明羽衣的中華傳統服飾秀，精采程度與時尚服裝品牌大秀有得拚。

本屆交流會的重頭戲，就是再次重申「兩岸千家宮廟宣言」，以「建立兩岸祈福法會常態化機制，祈祝疫情消退、人民幸福、國家昌泰、世界和平」為宗旨，齊心打造兩岸民間宮廟文化發展的新平台，推動兩岸傳統文化的創造性轉化及創新性發展。

　　這項倡議我在二〇一八年提出之後，就獲得台灣百餘間宮廟的支持，其中「祈福法會常態化」的部分，更是逐步落實中，從二〇一九年起，乃至於到了二〇二二年，每一年總會都有帶頭出來舉辦祈福法會，讓人們能夠在莊嚴肅穆的正式儀式中，獲得心靈的穩定與平安。

　　福建省政協副主席洪捷序大德在交流會開幕致詞時表示：「兩岸民眾應攜起手來，同心同德、一起打拼，充分發揮兩岸民間宮廟的重要作用，廣泛弘揚中華優秀傳統文化，促進兩岸關係和平發展，增進兩岸人民共同福祉。」

　　福建省道教協會會長謝榮增道長也提及：「兩岸民間宮廟文化都是中華民族傳統文化的重要組成部分，同根同源，要以此為優勢加強交流，充分發揮兩岸民間宮廟在維繫閩台血脈聯繫和增強中華民族認同中的積極作用。」

　　現場聽完兩位前輩的期待，我感觸良多，就我個人而言，兩岸同胞本來就同屬中華民族，海峽兩岸民間宮廟文化本為一體，互相交融是必然的。道教和民間信仰具有很強的民族凝聚力，是加強中華民族認同感的催化劑，也是維繫兩岸同胞友好往來的穩定劑。

　　另外，代表台灣宮廟發言的郭建志大德也認為：「台灣民眾對於大陸的祖廟非常尊敬，很多民眾到了神明生誕之前，都會想前往大陸尋找祖廟祭拜，希望這樣的實體交流能早日恢復。」

藉由多元活動
弘揚道文化

　　總會在過去幾年舉辦過非常多活動，除了前面提到的兩岸宮廟敘緣交流會之外，還有包含道文化音樂大型活動、路跑活動、道文化書畫聯展、淨化心靈座談會、護國禳災祈安公益法會等，類型非常多元，不過中心主旨都圍繞著「推廣道文化」，從不曾有所偏離。

　　本篇內容我想著重分享幾個總會舉辦過的活動，藉以讓讀者了解我們的做法與思維都相當具有創意，且也盡可能地年輕化，讓傳統的道文化可以在不知不覺間深植於年輕世代的心中。

破世界紀錄的米粒拼圖

　　二〇一四年，中華道教聯合總會的前身中華道教民俗文化學會，在彰化市舉辦「天佑台灣福佑眾生護國祈安大法會」，同時展出面積達一千七百多平方公尺的「米粒拼圖」，這是一幅用五萬斤白米、黑糯米及稻穀所排出的立體雙米龍、蝙蝠以及天佑台灣字樣，英國金氏世界紀錄的工作人員也到場認證，確認這幅米粒拼圖面積廣達一千七百九十九平方公尺，打破韓國一千六百五十六平方公尺的舊紀錄。

　　記得當時台灣也是有些動盪不安，天災人禍頻仍，因此在請示了玉皇大帝後，辦安龍奠土儀式，並選擇風水寶地八卦山作為活動會場，至於米粒拼圖的誕生，主要就是想彰顯堅持與耐心的重要性，所有工作人員在進行米粒拼圖時，都懷抱著祈求風調雨順、國泰民安的祝福，我想也是因為如此，所以過程才會如此順利，甚至一舉打破世界紀錄。

信仰的力量：全台宮廟之美攝影比賽

　　二〇二二年五月，總會舉辦了別出心裁的攝影比賽，主題放在宮廟，希望攝影高手們可以藉由各個不同角度拍出傳統宮廟的美，並藉著這些美好的畫面將穩定心靈的能量傳達到每個人心中。

　　這次的比賽共分成三組，首先第一組是以全台宮廟建築為主；第二組重點則放在民俗節慶文化上，包含遶境、進香等等；第三組是宗教人文系列，舉凡宮廟的風情、人物等素材，都可以是拍攝的對象。

　　從五月二十日至六月二十日的一個月期間，精采的作品從全台各地湧來，總共有超過上千件作品，在玄奘大學宗教與文化學系蔡翊鑫教授、南華大學宗教學研究所 羅涼萍教授，以及空中大學生活科學系詹鎵齊講師等評審委員細心的評選下，共計四十一件優異作品獲得獎項。

　　在宮廟之美這組之中，可以看到有兩幅作品都以水面的倒影來呈現宮廟建築的宏偉及莊嚴；第二組的民俗節慶則收到了許多表現陣頭力量之美的照片；第三組的宗教人文更是特別，包含持香敬拜的信眾、裊裊噴煙的香爐等，都成為永恆的美麗畫面。

　　對我來說，道教的宮廟文化真的有非常獨特的魅力，而且全台廟宇超過上萬，充斥在我們生活周遭，尤其是中南部地區，走出家門沒兩步可能就會見到宮廟，再加上隱身在巷弄家宅裡的壇堂，也是多不可數，所以說宮廟就是台灣文化不可分割的一部分一點也不為過。

第一名 鹿港玻璃媽祖廟
第一組

第二組 第一名 虎爺顯威

第三組 第一名 祈福

　　根據內政部的統計，台灣的寺廟是連年增加的，而且增加的速度相當快，反觀基督教或天主教的教堂，則是逐年減少，這是否表示基督及天主教徒人數正在下降不得而知，不過無論從數據或從日常生活的樣貌，都可以看出道教對台灣人民的影響力有多大。

　　能夠藉由攝影將道教宮廟之美傳達出來，我覺得是非常棒的一件事，因此這個比賽我會希望變成每年固定的活動，期許攝影高手，或是對宮廟之美頗有感觸的信眾們，每年都有精彩作品投稿報名參賽，讓我們的作品集能夠更加豐富、更加多元。

　　本書之中也有收錄非常多精采的攝影作品，讀者在翻閱內容的同時，也可以對照作品一起欣賞，相信更能加深印象，對道教信仰有更深一層的了解與體會。

二〇二一年大甲鎮瀾宮媽祖國際觀光節

　　每年的農曆三月全台都會掀起「瘋媽祖」的熱潮，從屢屢登上國際版面的大甲鎮瀾宮媽祖遶境進香，到台北市區的慈祐宮聖母媽祖出巡，還有路線最遠的苗栗白沙屯拱天宮媽祖進香等，幾乎都會在農曆三月二十三日媽祖生日前後舉行。

　　媽祖信仰可以說橫跨了各個世代，就連年輕人之間也會以「那些年我們一起追的女神」來形容這場年度盛事。而大甲鎮瀾宮媽祖遶境進香，更是聯合國教科文組織評定為「世界非物質文化遺產」，discovery 則將其與天主教徒梵諦岡聖誕彌撒、回教徒麥加朝聖併列為世界三大宗教盛事。

為了讓全世界的人們看見台灣的道教信仰，認識我們傳統的道文化，總會特別在二〇二一年與大甲鎮瀾宮攜手合辦「媽祖國際觀光節」，邀請美國在台協會代表團、巴拉圭共和國大使館、加拿大駐台北貿易辦事處、奧地利商務代表辦事處、荷蘭在台辦事處等多國大使及駐台經貿處代表參加。

起駕儀式則由中央廣播電臺主播團隊進行英、法、西、德、俄、日、印、泰、越、韓、粵等11種語言的影音直播，結合多元的社群媒體平台進行串流，透過網路增加擴散效益，向全世界傳遞媽祖慈悲熱愛和平的信念。

4-6

促成道場科儀人員
基礎訓練及認證

　　秉持「行道立德、救世濟人」精神的道文化，已經藉由各式各樣的敬拜祭典儀式融入人們的生活之中，每每到了重要節日，街頭巷尾都可以看到一家人準備滿桌供品，一起持香敬拜的景象。像是傳統的鬼月、端午節、中秋節，以及初一早、初二早、初三睡到飽的農曆新年。

　　另外，當道教的信眾在生活上遇到難題時，也會到廟裡拜拜祈求平安順利，或是進一步找廟公、乩身或道長尋求幫助，包含消災解厄、化解冤親債主，以及像是車關、水關等等煞氣的消除，那些神秘而又充滿意義的宗教儀式，對台灣人來說是生活日常的一部分，不過可能大部分的人都誤解了，其實那些儀式跟真正的道教科儀並不相同。

道場科儀人員基礎訓練

　　為了培育更多專業的道教科儀人員，我在二〇二一年的時候全力促成「道場科儀人員基礎訓練」課程，並委託國立政治大學華人宗教研究中心承辦，讓有心想進入道教領域的年輕人可以有一個接受正統訓練的場所。

　　由於訓練內容相當嚴謹且紮實，再加上豐富的文化資源作為後盾，因此也順利取得勞動力發展署 i-CAP 職能認證的肯定，換句話說，中華道教聯合總會成為了宗教界第一個通過職能導向課程品質認證的單位。

　　為什麼我要致力於道場科儀人員的培訓？理由很簡單，就是希望數千年傳承下來的道統精神可以有年輕人站出來承接，而且更重要的是，越多人學會正統的科儀，就越能讓真正的道文化傳遞開來。

　　道文化生根在民間，從前面章節的介紹也可以得知，如此豐沛的能量與文化，真的是世世代代累積而來，因此獨具特色的道場科儀系統，如果隨著時間洪流消失在歷史之中，未免太過可惜。其實不管是宮廟的祭拜儀式，或是種種祈福法會，在民間都深得信賴，然而多數人對於科儀往往覺得「霧傻傻」，有點難以親近，因此更難體會科儀背後的深意。再加上道教宮廟文化從長輩們口耳相傳下來

的故事也有殘缺不全的現象，甚至還有不少穿鑿附會、怪力亂神的部分，所以的確是需要正統的專業人士出來正視聽。

提供年輕人不一樣的未來道路

由總會主辦、政大華人宗教研究中心承辦的「道場科儀人員基礎訓練」課程，在二〇二一年十月正式上路，內容包含有十幾堂學科及術科的培訓課程，授課的老師則是總會嚴選的道教學術界名師，相信受訓人員在經過課程的洗禮之後，將成傳承道統文化，並且提升人員的專業形象，而且只要上完課程、通過考試，就可以拿到政府勞動署認可的 iCAP 證書，讓自己的專業更加分。

可能有人會問：「到底道場科儀有哪些？」在此做個簡單的說明，有興趣的道友信眾，日後可以到總會來討論交流。

一般來說道場科儀可分成「清經」、「清懺」、「上表」、「發符」、「燈儀」、「煉度」、「告斗」、「上供」、「施食」、「通疏」、「淨壇」、「齋天」、「開光」、「度橋」、「祝願」、「順星」等十多種，我挑幾個常見的來深入說明。

清經

最普遍常見的科儀，只要的表現模式就是念誦經文，根據信眾不同的目的，道士道長可以誦念不同的經文，像是三官經、高上玉皇心印妙經等。清經大多用於超渡先靈，或是為信眾祈福。

清懺

跟清經的道理相同，只是清經念誦的是經文，而清懺則以唸誦懺文為主。懺文就如同字面上的意義，是信眾對神明懺悔自身犯下的過錯，因此常用來度化亡靈、拔罪超幽。

上表

這也是常見的科儀之一，「表」指的就是道士道長為信眾寫的表文，內容常為信眾的心願，或是祈求四海昇平、國泰民安之類的宏願。在表文寫好之後，道士道長會進行燒香跪奏的科儀，默念表文、秉告上蒼，讓信徒的心願可以上達天聽，進而心想事成。

邀請年輕人加入弘道的行列

　　說起來道場科儀也是相當博大精深，不僅誦念經文需要學習，還有飛罡步斗的動作、仙樂飄飄的演奏，甚至是允文允武的舞蹈等等，非常多元且有趣，絕非一般人想像得那麼乏味枯燥，或是讓人望而生畏。年輕人如果對科儀有興趣，我真的非常建議可以參加總會舉辦的訓練課程，學會之後不僅可以成為道場的中流砥柱，還能在自己的職涯上，找到與眾不同的定位。

　　接下來，總會也會持續舉辦道教青年座談會，讓青年有一個平台可以討論信仰、認識道教，並且從中找到人生的意義，甚至激發弘道的理想，期許未來會有越來越多年輕人加入弘揚道法、文化承繼的行列，一起為中華優秀傳統文化的傳承盡一份心力。

終章
感于神明 · 黍稷非馨 · 明德惟馨

　　醞釀多年，「至德馨香」一書終於問世，內心充滿無限的感恩，衷心希望這本書能能促使更多人正確地了解道教信仰，從而有益於道教文化精神的傳播與弘揚，讓道教文化成為支持社會運轉的重要力量，穩定及凝聚人心，進而隨著信眾的步伐邁向國際，擴大影響力至世界各地，就如同先民將道教從中國大陸帶過來一樣。

　　「感于神明 · 黍稷非馨 · 明德惟馨」這幾句是承蒙神恩所賜的書名副標，也與我畢生追求的目標不謀而合。

無論身處亂世，或是太平盛世，人民的品格與道德都是最重要的，而在我心目中，傳承千年、歷經許多朝代淬鍊的道教文化，是最適合引導人們擁抱善良、追求至善的信仰。

　　作為中華道教總會的創始總會長，真心感到非常榮幸能有這個機會為弘道做出實質的貢獻，而這本書也是我一路走來的心得與經驗分享，同時更包含了許多道教鮮為人知，但卻與日常生活息息相關的知識內容，所以希望每一位翻閱這本書的讀者，都能成為弘揚道教文化的種子，我們一起將熟悉且熱愛的信仰，帶到更多人面前。

終章 感于神明・黍稷非馨・明德惟馨

終章 感于神明 · 黍稷非馨 · 明德惟馨

【渠成文化】道心書齋 001

至德馨香
感于神明 ・ 黍稷非馨 ・ 明德惟馨

作　　　者	徐文僅；中華道教聯合總會編輯群
圖書出版	匠心文創
發 行 人	陳錦德
出版總監	柯延婷
美編設計	郭怡辰
執行編輯	李喬智
照片協力	「2022 信仰的力量」攝影大賽所有參賽者；李喬智
E-mail	cxwc0801@gmail.com
網　　　址	https://www.facebook.com/CXWC0801
總 代 理	旭昇圖書有限公司
地　　　址	新北市中和區中山路二段 352 號 2 樓
電　　　話	02-2245-1480（代表號）
印　　　製	上鎰數位科技印刷
定　　　價	新台幣 420 元
初版一刷	2023 年 3 月

ISBN 978-626-96557-4-8

國家圖書館出版品預行編目（CIP）資料

至德馨香：感于神明 ・ 黍稷非馨 ・ 明德惟馨 / 徐文僅、中華道教聯合總會編輯群著 .-- 初版 .-- 臺北市：匠心文化創意行銷有限公司 , 2023.03
　面；　公分 .
ISBN 978-626-96557-4-8（平裝）

1. CST：道教 2. CST：宗教文化 3. CST：道教信仰錄

230　　　　　　　　　　　　　　112000553